JN079081

アルファベット表

小文字
大文字
アルファベットの名前
アルファベットのおもな読みかた

大文字・小文字	アルファベットの名前	おもな読みかた
A a	[éi] エイ	[æ] エア [éi] エイ
B b	[bíː] ビー	[b] ブ
C c	[síː] シー	[s] ス [k] ク
D d	[díː] ディー	[d] ドゥ
E e	[íː] イー	[e] エ
F f	[éf] エフ	[f] フ
G g	[dʒíː] ジー	[g] グ
H h	[éitʃ] エイチ	[h] ハ
I i	[ái] アイ	[i] イ [ai] アイ
J j	[dʒéi] ジェイ	[dʒ] ジュ
K k	[kéi] ケイ	[k] ク

L l	M m	N n
[él] エル [l] ル	[ém] エム [m] ム	[én] エン [n] ンヌ
O o	**P p**	**Q q**
[óu] オウ [ɑ] ア [ou] オウ	[píː] ピー [p] プ	[kjúː] キュー [k] ク
R r	**S s**	**T t**
[áːr] アーゥ [r] ル	[és] エス [s] ス	[tíː] ティー [t] トゥ
U u	**V v**	**W w**
[júː] ユー [ʌ] ア [u] ウ	[víː] ヴィー [v] ヴ	[dʌ́bljùː] ダブリュー [w] ウ
X x	**Y y**	**Z z**
[éks] エクス [ks] クス	[wái] ワイ [i] イ [j] ユ	[zíː] ズィー [z] ズ

1000 English Words
First Step for the Future

小学生のための英単語

安河内哲也 著
Yasukochi Tetsuya

Jリサーチ出版

はじめに　～保護者のみなさまへ～

英語学習のロードマップ
－お子様の英語習得を成功させるために－

小学生はどの程度英語を学べばよいのか？

小学生に対して、どれくらい英語を教えるかという点に関しては、さまざまな議論があるようです。「英語よりもまず日本語を教えるべき」「最初から国際標準語の英語で学習すべき」などの意見がメディアを賑わせています。しかしながら、これらメディアの中では、「何を」「どのように」「どれくらい」ということはあまり語られません。

やはり親としては、我が子に「具体的に」何をやらせればよいのか、ということが一番の気がかりなのです。いつ始めようとも、英語が大学入試の必須科目であったり、社会人のキャリアアップにつながるための最も重要な科目であることは間違いありません。我が子が「英語苦手組」に入らないようにするためには、今、何をやらせるべきなのか、気を揉んで当然です。

私自身は、小学校の頃にほんの少しだけ英語をかじったことがきっかけで英語が好きになり、英語の専門家になるに至りました。本書は、その経験もふまえ、**ふつうの日本人の小学生がどのような英語をどの程度学べばよいのか**を示してみました。

英語はあくまでも外国語！

よくいわれることですが、将来、日本人として日本をベースとして活躍するには、小学生のうちは日本語の勉強を重視すべきです。国語の教科書で漢字を学んだり、日本語の本を読んだりする習慣を身につけることは、自国を理解するためにも非常に重要です。この、**母語での知識をベースに、将来的に英語が加わるわけですから、この母語の学習の妨げになるほど早くから英語を詰め込みすぎるのはおかしなこと**だと思います。よく、小学生で英検２級に合格してしまうような「スーパー小学生」もいますが、英語を専門とする私でも、「日本語は大丈夫かなあ」と少々心配してしまいます。

公立小学校への英語教育の導入に関しても、同じようなことが心配されますが、実際に公立小学校に子供を通わせた私には、それは心配のしすぎだったと感じています。週に１～２時間、日本人の子供が英語で歌ったり、英会話の勉強をしたくらいで、英語で話したり考えたりすることができるようになるはずはないし、母語に影響するレベルに到達するはずもありません。

だからといって、小学校での英語教育が無意味だと言っているわけではありません。**アルファベットやフォニックス、基本的な英語表現を少しでも身につけておけば、中学に入ってからの急な坂道で息切れする子供たちは減るでしょう。**

子供の中に英語大好きの種をまいておこう！

本書は決して、英語の「スーパー小学生」を目指すものでも、小学生のうちにネイティブスピーカーのように話せるようにするためのものでもありません。ふつうの子供たちがバランスよく物事を学び成長していく中で、中学や高校で英語が得意になり、将来話せるようになるために、**焦らずにこれくらいやっておけばいいという「ちょっとだけ先取り主義」で作成**してあります。

この程度の英語を学んだからといって、母語に影響することはありません。しかし、**「この程度」の英語は、将来大きく育つ英語の木の種をまくことになる**のです。

「音」も大事、「文字」も大事！

たくさんの子供たちが、小さな頃から「こども英会話」に通っていますが、それで話せるようになったという話はあまり聞きません。これは当然のことで、週に1時間、他の子供と混じって英語で遊んでいる程度で、言語がマスターできるはずはありません。もちろん、英会話学校に通うことが無意味だといっているわけではありません。少しでも英語に触れさせることは興味の種まきとしては重要です。

あえて、多くの**「こども英会話」の問題点**を指摘させていただくとすれば、**ネイティブスピーカーの「音」から学ぶことだけにこだわりすぎて、便利で効率的な文字からの学習をあまりしないこと**です。2年間通っているのに、monkey という単語が読めない、be 動詞の使い分けもできないというのは考えものです。

「言語は耳から」はもちろん基本中の基本ですが、同時にバランスよく「目」「手」「口」の学習もミックスするのが大切です。

言語の習得は10年計画だ！

外国語の習得は長期戦です。まだ母語の習得も終わっていないうちから、外国語で焦りすぎる必要はありません。**大切なのは、成長ステージに応じて「ちょっとだけ先取り」をしながら進んでいくこと**です。そして、母語のベースができてから、英語の学習量を一気に増やせばいいわけです。そこで、p. 4に、英語学習のロードマップをご提案してみました。

今の段階では、**「英語が楽しい」「周りよりもちょっとできる」そんな感覚をお子さんに持たせることが一番大切です。この「ちょっとだけ先取り主義」が成功の鍵**なのです。

本書がきっかけとなり、未来の「英語の達人」たちがたくさん生まれることを願います。

安河内哲也

英語学習のロードマップ

<table>
<tr><th></th><th>母　語</th><th colspan="2">英　語</th></tr>
<tr><td>幼児期</td><td>あくまでも母語の日本語の習得を重視する。日本語で身の回りの物事や経験を筋道をたてて説明できる力を磨く。</td><td colspan="2">時々、英語の DVD を見せたり、外国人と遊べる英会話ルームに通ったりしながら、英語＝楽しいという意識を持たせる。</td></tr>
<tr><td rowspan="2">小学低中学年</td><td rowspan="2">学校の教科書や絵本などで、文字を速く正確に読み、高度なコミュニケーション能力をさらに育成する。特に家庭での会話の中で、世の中にあるさまざまなものを言葉で説明する力をはぐくむ。</td><td colspan="2">幼児期と同様に、英語に楽しく触れ、抵抗感をなくすことを中心に進める。少々のフォニックスを導入し、l と r や th の発音など、日本語と極端に違う発音の学習をする。</td></tr>
<tr><td rowspan="2">まだ、大きくはスロットルを踏まないが、中学からの急な坂道で転ばず、英語が得意になるための簡単な準備をする。中学に入る前に、基本的な英語の発音、文字の読みかた、be 動詞と一般動詞の用法など、簡単な文法を軽く体験させておく。また、旺盛な吸収力があるこの時期に、名詞を中心とした英単語にザーッとなじんでおく。</td><td rowspan="2">本書の使用に適した時期</td></tr>
<tr><td>小学校高学年</td><td>日本語の育成で一番大切な時期、とにかくたくさんの本を読む。素早く正確に言語から概念を描く力をはぐくむ。また、論説文を論理的に理解する力や、他人にわかりやすい順番で自分の意見を発表したり書いたりする力を磨く。</td></tr>
<tr><td>中学校</td><td>小学校までの力をベースに、論理的に言葉を使いこなす力を、4 技能すべてにおいてさらに養成する。また「抽象と具体」「主体と客体」のような語彙を概念と共に増やし、口頭でも使えるようにする。</td><td colspan="2">母語のベースがある程度安定するこの時期にこそ、一気にアクセルを全開にする。日常的に英語を聴き、学校教科書を何十回も音読暗唱し、英語の文法と語彙を一気に養成する。学校のペースを追いかけるのではなく、先取りをする。また、発音記号やネイティブ音声を使い、正しい発音で読む訓練をする。ここからは、ハイペースで母語の日本語を追いかける形となる。中学英語、高校英語、高校受験などといった枠組みにこだわらない。そうすることで結果としては受験もうまくいく。</td></tr>
<tr><td>高校</td><td>社会に出ても恥ずかしくない日本語の力、学術論文を読みこなす論理性を身につける。高校卒業時くらいで、日本語の力はほぼ大成する。</td><td colspan="2">さらにペースを上げてアクセルを踏み、徹底的な音声学習を通じて母語を追いかける。目、耳、手、口すべてを使い言語を自然に使いこなす訓練をする。ここでも、高校の進度や大学受験に振り回されず、先取りをしていく。精聴、精読に加えて、多聴と多読も重視し、あらゆる素材を活用する。高校卒業前に英検準 1 級レベルを目指す。そうすれば、大学受験にも十分な備えとなる。モチベーションを上げるため、留学や海外体験をするのもよい。</td></tr>
<tr><td>大学</td><td>高度な日本語力を使い、専門の研究にいそしみ、さらに言語能力を磨く。</td><td colspan="2">母語に追いつくまで、ひたすらアクセルを踏み続ける。専門の研究内容と結びつけて表現や語彙を習得したり、ビジネス英語などを学ぶとよい。また、この時期には留学や海外経験を通じて、英語を使いまくり、試行錯誤を繰り返して、英語力を磨くことが重要。</td></tr>
</table>

この本を手に取ったみんなへ

英語を勉強すると楽しいことがいっぱいあるよ

みんなは「英語」って聞くとどんなことをイメージしますか？

「話せるとカッコいい」

「またひとつ科目が増えるなんてたいへんだなあ」

そんな声がたくさん聞こえてきそうです。

「英語はアメリカのことばだよね」って考えた人も多いかもしれません。

でも、**英語はどこかひとつの国のことばではありません。**

英語は、「**世界のことば**」なのです。

みんなと同じように、世界中の子供たちが英語を勉強しています。

だから、英語ができるようになると、**世界中のお友達と話せるようなる**のです。

フランス、中国、ロシア、タイ、韓国、オーストラリアなどなど……**どんな国の人たちとも、お友達になれるってすてき**ですね。

英語は、小さな日本からとびだして、**たくさんの楽しい経験をするための道具**なんだ。

英語の勉強はこれから何年もやるのだから、小学生のみんなは、まだよくばる必要はありません。まずは、この本にのっている、**いちばん大切なことをちょっとだけ先取りして覚える**ことから始めてみましょう。

どんな勉強でも、「ちょっとできるぞ！」という気持ちがあると、とても楽しくなります。

この本で勉強するみんなが、英語が大好きになって、将来、日本と世界が仲よくなるために大活躍してくれることを願っています。

安河内哲也

もくじ

チャレンジしよう！

この本のしくみと使いかた

この本は、基本的に自由に工夫して使えるようになっているよ。

パラパラとめくりながら絵本のように楽しむこともできるし、しっかりとした読み書きや、発音の勉強をするために使うこともできるんだ。

本の中身はこんなふうになっているよ！

音声　音声のトラック番号だよ。QR コードから専用ページに飛んで、音声をダウンロードして聴いたり、くり返し聴いたりできるよ。

動画　専用ページに飛べば、単語の発音のしかたを動画で見ることもできるよ。まねしてみよう！

学習進度チェック　どこまで学習できたか、「足跡」の場所で、ある程度わかるようになっているよ。

名詞はたくさんあるから、16のグループに分けているよ。

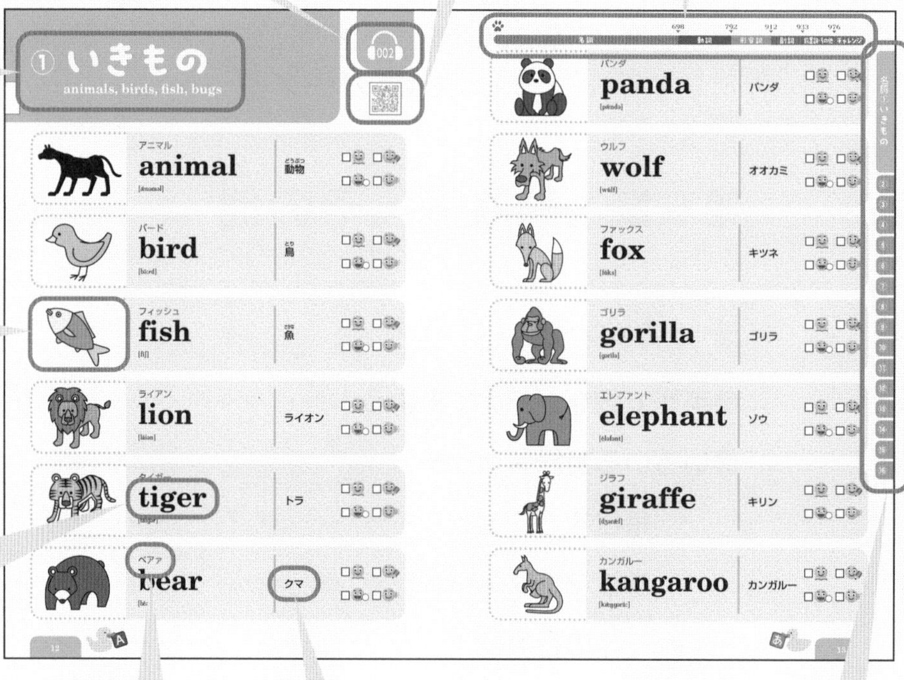

イラスト
イラストをヒントにしながら単語を覚えよう！

見出し語
単語のつづりを覚えよう！

カタカナ　単語の読みかたをカタカナで書いたもの。文字が赤いところは強く読むところだよ。音声を聴きながら正しい読みかたを練習しよう！

言葉の意味
見出し語の単語の意味。

項目さくいん
項目の移動がしやすい目印つきだよ。

名詞の単語数は698語。16のグループに分けてあるよ。動詞は94語、形容詞は120語、副詞は21語、前置詞・その他は43語、「チャレンジしよう！」の単語140語を合わせると、1000語以上！　全部覚えることができるか、挑戦してみよう。

動詞、形容詞、副詞、前置詞・その他のページはこんなふうになっているよ！

発音記号　その単語の読みかたを表しているよ。読みかたは、この本の最後の「発音記号まとめ表」をチェック！

動詞の過去形　動詞の過去形（過去の動作や状態を表す形）も紹介。読みかたと発音記号、意味が確認できるようになっているよ。

ふりかえりチェック
できたことを確認して、□に✓をつけよう！

単語が読めたら ☑

単語が書けたら ☑

単語が発音できたら ☑

単語が聞けたら ☑

例文
形容詞、副詞、前置詞・その他については、主にその単語を使ったフレーズを紹介しているよ。単語の使いかたがよくわかるようになっているんだ。

ミニレッスン
be動詞と基本動詞は、その単語について、知っておくと便利なことが書いてあるよ。

語句注
動詞については、例文の中で使われている単語と意味をまとめているよ。

音声ダウンロードのしかた

STEP1 **商品ページにアクセス！　方法は次の3とおり！**

- QR コードを読み取ってアクセス。 
- https://www.jresearch.co.jp/book/b627190.html を入力してアクセス。
- Jリサーチ出版のホームページ（https://www.jresearch.co.jp/）にアクセスして、「キーワード」に書籍名を入れて検索。

STEP2 **ページ内にある「音声ダウンロード」ボタンをクリック！**

STEP3 **ユーザー名「1001」、パスワード「25953」を入力！**

STEP4 **音声の利用方法は2とおり！　学習スタイルに合わせた方法でお聴きください！**

- 「音声ファイル一括ダウンロード」より、ファイルをダウンロードして聴く。
- ▶ボタンを押して、その場で再生して聴く。

●ダウンロードした音声ファイルは、パソコン・スマートフォンなどでお聴きいただくことができます。一括ダウンロードの音声ファイルは .zip 形式で圧縮してあります。解凍してご利用ください。ファイルの解凍がうまくできない場合は、直接の音声再生も可能です。

●音声ダウンロードについてのお問い合わせ先：toiawase@jresearch.co.jp（受付時間：平日 9時 ～ 18時）

お手本動画を見ながら英語の発音にチャレンジ！

アルファベットからスタート！　この本で習う単語一つ一つをモデルの Yumika さんが英語で発音。

動画は「英単語（文字）→ポーズ→発音の手本（Yumika さん）」の順で流れます。口の形や動きをよく見て、音の強弱にも注意して、発音をまねてみましょう。

上記の「音声ダウンロード」の案内に続いて、同じページに「動画の目次」があります。本の目次に沿ったメニューを用意していますので、そこから好きなものを選んでクリックしてください。

Let's try it together!

Yumika

アメリカと日本のダブル。ファッション関係を中心としたモデルのほか、イラストレーターとしても活躍。

第1章

名詞

名詞とは、「ものの名前を表すことば」です。
ここに収録されている698語の名詞は、「いきもの」や「食べ物」、「学校」など、仲間どうしでグループ分けしてあります。
絵を見て単語を言ったり、音声を聴いたりして、楽しみながら学んでいきましょう！

① いきもの
animals, birds, fish, bugs

アニマル
animal
[ǽnəməl]
どうぶつ
動物

バード
bird
[bə́ːrd]
とり
鳥

フィッシュ
fish
[fíʃ]
さかな
魚

ライアン
lion
[láiən]
ライオン

タイガー
tiger
[táigər]
トラ

ベアァ
bear
[béər]
クマ

パンダ
panda
[pǽndə]
パンダ

ウルフ
wolf
[wúlf]
オオカミ

ファックス
fox
[fáks]
キツネ

ゴリラ
gorilla
[gəríla]
ゴリラ

エレファント
elephant
[éləfənt]
ゾウ

ジラフ
giraffe
[dʒəræ̃f]
キリン

カンガルー
kangaroo
[kæ̀ŋgərú:]
カンガルー

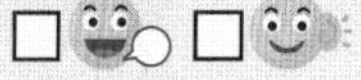

コゥアーラ
koala
[kouá:lə]
コアラ

マンキィ
monkey
[mʌ́ŋki]
サル

カウ
cow
[káu]
メウシ

オックス
ox
[áks]
オウシ

シープ
sheep
[ʃí:p]
ヒツジ

ゴウト
goat
[góut]
ヤギ

ドーグ
dog
[dɔ́:g]
イヌ

パピィ
puppy
[pʌ́pi]
子(こ)イヌ

キャット
cat
[kǽt]
ネコ

キトゥン
kitten
[kítn]
子(こ)ネコ

ディア
deer
[díər]
シカ

ホース
horse
[hɔ́:rs]
ウマ

ズィーブラ
zebra
[zí:brə]
シマウマ

ピィグ
pig
[píg]
ブタ

ラビット
rabbit
[rǽbit]

ウサギ

スクワーレル
squirrel
[skwə́ːrəl]

リス

マウス
mouse
[máus]

ネズミ

ハムスタァ
hamster
[hǽmstər]

ハムスター

アウル
owl
[ául]

フクロウ

バット
bat
[bǽt]

コウモリ

ネストゥ
nest
[nést]

巣（す）

ピジュン
pigeon
[pídʒən]
ハト

グース
goose
[gúːs]
ガチョウ

パロット
parrot
[pǽrət]
オウム

ペングィン
penguin
[péŋgwin]
ペンギン

スパロウ
sparrow
[spǽrou]
スズメ

ダック
duck
[dʌ́k]
アヒル

クロウ
crow
[króu]
カラス

インセクト
insect
[ínsekt]

昆虫（こんちゅう）

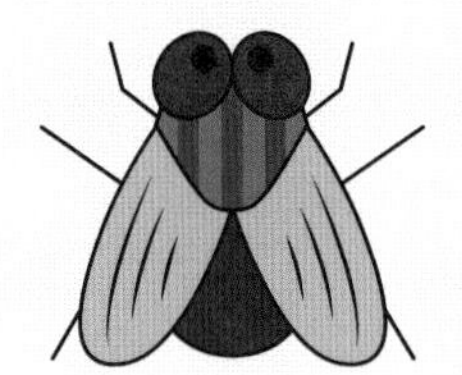

フライ
fly
[flái]

ハエ

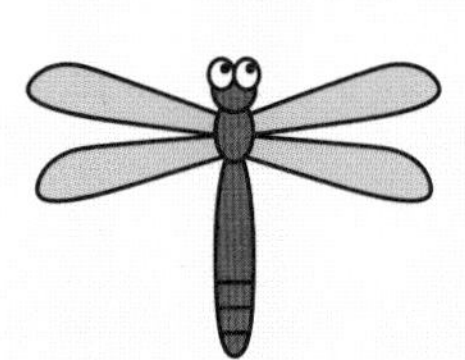

ドゥラゴンフライ
dragonfly
[drǽgənflài]

トンボ

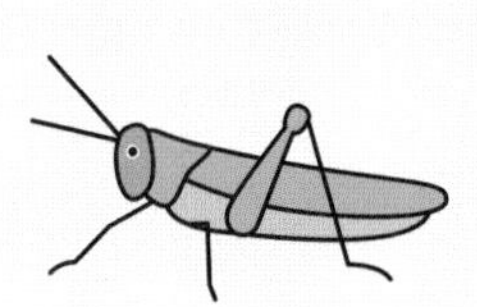

グラスホッパァ
grasshopper
[grǽshɑ̀pər]

バッタ

レイディバグ
ladybug
[léidibʌ̀g]

テントウムシ

モース
moth
[mɔ́:θ]

ガ

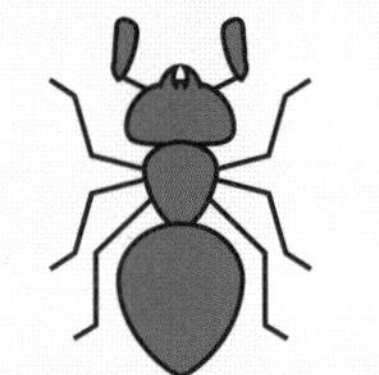

アント
ant
[ǽnt]

アリ

ビー
bee
[bíː]
ハチ

モスキートウ
mosquito
[məskíːtou]
蚊（か）

バタフライ
butterfly
[bʌ́tərflài]
チョウ

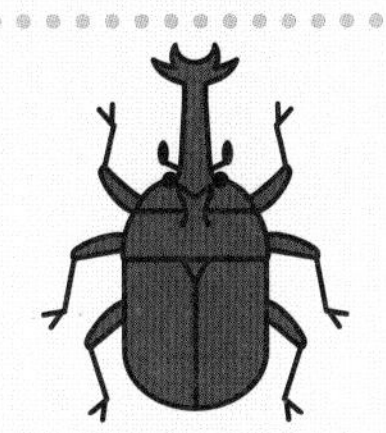

ビートゥル
beetle
[bíːtl]
カブトムシ

スパイダァ
spider
[spáidər]
クモ

(ホ)ウェイル
whale
[*h*wéil]
クジラ

ダルフィン
dolphin
[dálfin]
イルカ

シャーク
shark
[ʃɑ́ːrk]

サメ

アクトパス
octopus
[ɑ́ktəpəs]

タコ

クラブ
crab
[krǽb]

カニ

シュリンプ
shrimp
[ʃrímp]

エビ

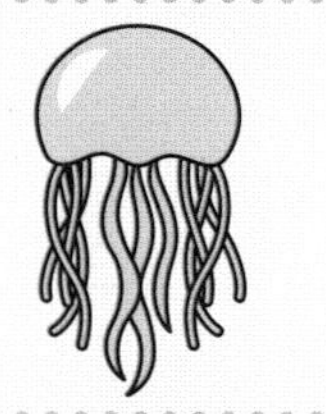

ジェリフィッシュ
jellyfish
[dʒélifiʃ]

クラゲ

クラカダイル
crocodile
[krɑ́kədàil]

ワニ
（歯（は）が外（そと）に出ている）

スィール
seal
[síːl]

アザラシ

タートル
turtle
[tə́ːrtl]

ウミガメ

スネイク
snake
[snéik]

ヘビ

フラッグ
frog
[frág]

カエル

ドゥラゴン
dragon
[drǽgən]

竜(りゅう)；
ドラゴン

ペット
pet
[pét]

ペット

② 果物(くだもの)と野菜(やさい)／食(た)べ物(もの)と飲(の)み物(もの)

fruits and vegetables / foods and drinks

フルート
fruit
[frúːt]
果物(くだもの)

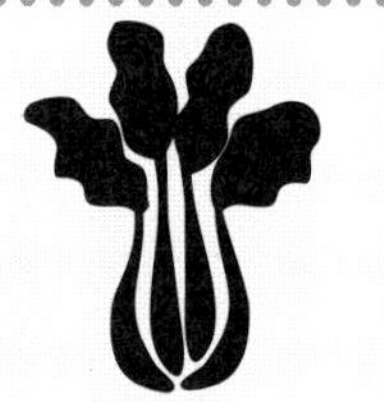

ヴェジタブル
vegetable
[védʒətəbl]
野菜(やさい)

アポゥ
apple
[ǽpl]
リンゴ

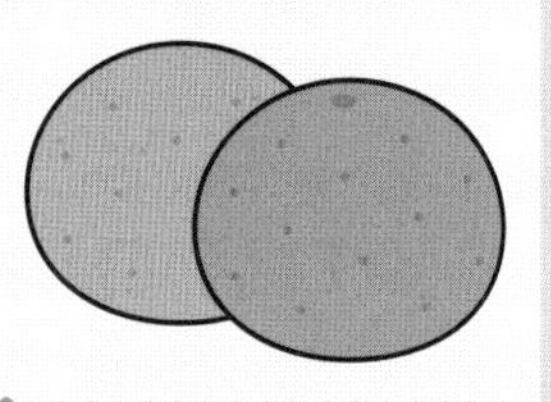

オーリンジ
orange
[ɔ́ːrindʒ]
オレンジ

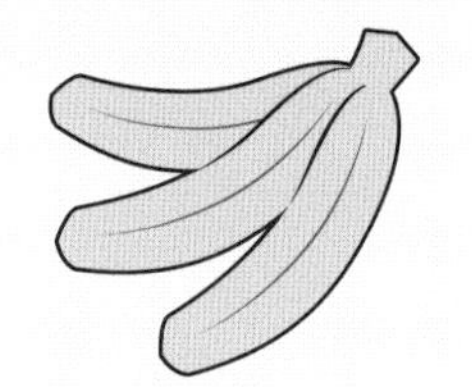

バナナ
banana
[bənǽnə]
バナナ

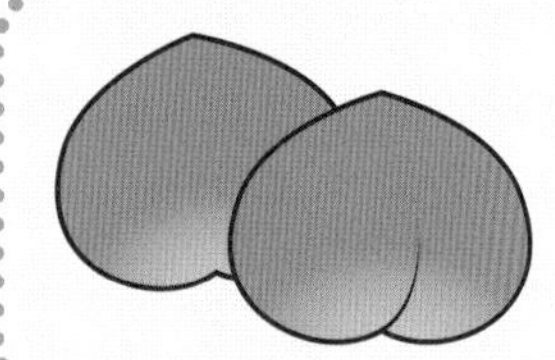

ピーチ
peach
[píːtʃ]
モモ

グレィプ
grape
[gréip]
ブドウ

「1房のブドウ」は a bunch of grapes というよ。

ストゥローベリィ
strawberry
[stró:bèri]
イチゴ

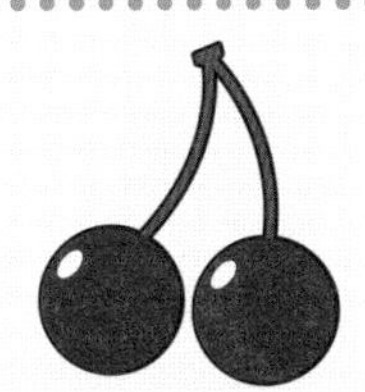

チェリィ
cherry
[tʃéri]
サクランボ

キーウィ
kiwi, kiwi fruit
[kí:wi], [kí:wi frù:t]
キウイ

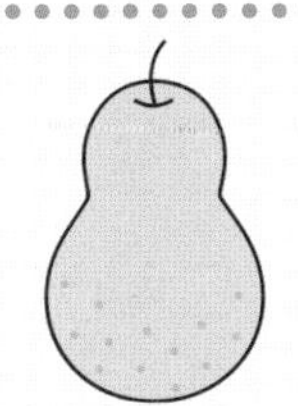

ペアァ
pear
[péər]
ナシ

パイナポゥ
pineapple
[páinæpl]
パイナップル

メロン
melon
[mélən]
メロン

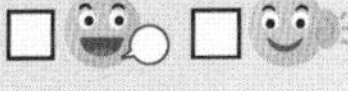

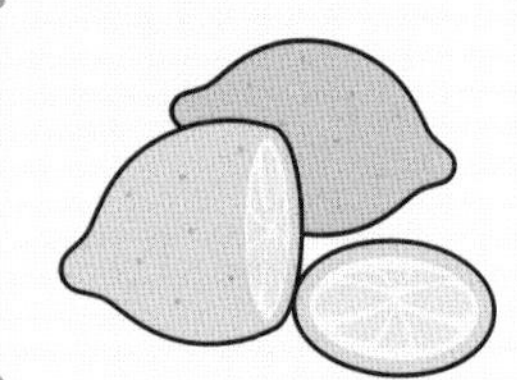

レモン
lemon
[lémən]

レモン

グレイプフルートゥ
grapefruit
[gréipfrù:t]

グレープフルーツ

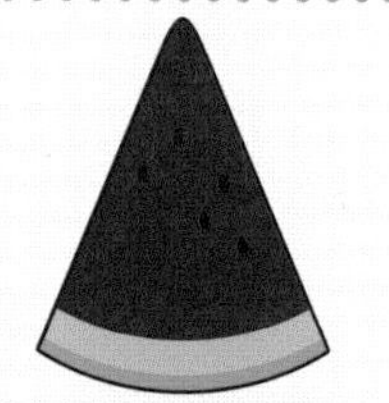

ワラーメロン
watermelon
[wɔ́:tərmèlən]

スイカ

トメィトゥ
tomato
[təméitou]

トマト

キューカンバー
cucumber
[kjú:kʌmbər]

キュウリ

キャベッジ
cabbage
[kǽbidʒ]

キャベツ

パンプキン
pumpkin
[pʌ́mpkin]

カボチャ

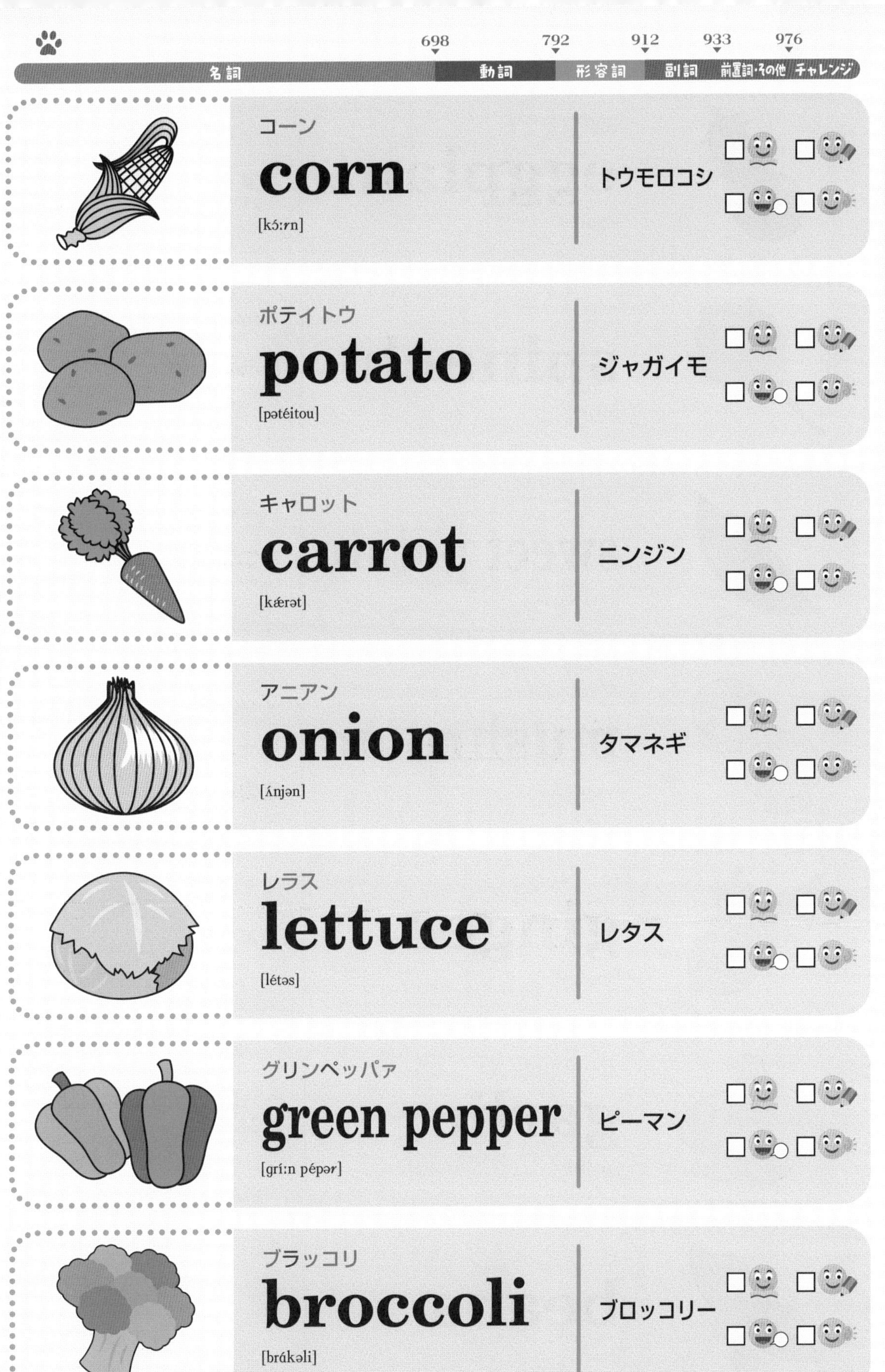

コーン
corn
[kɔ́ːrn]
トウモロコシ

ポテイトウ
potato
[pətéitou]
ジャガイモ

キャロット
carrot
[kǽrət]
ニンジン

アニアン
onion
[ʌ́njən]
タマネギ

レラス
lettuce
[létəs]
レタス

グリンペッパァ
green pepper
[gríːn pépər]
ピーマン

ブラッコリ
broccoli
[brákəli]
ブロッコリー

エグプラント
eggplant
[égplæ̀nt]

なす

スピナッチ
spinach
[spínitʃ]

ほうれん草(そう)

スウィーポテイトウ
sweet potato
[swí:t pətèitou]

さつまいも

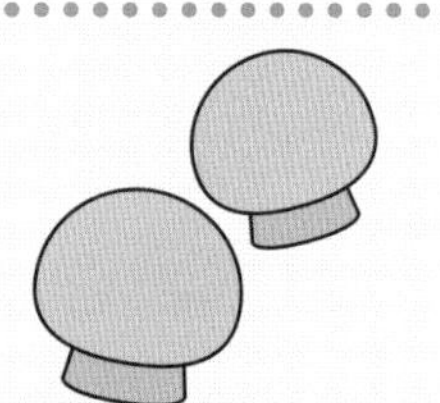

マッシュルーン
mushroom
[mʌ́ʃru:m]

マッシュルーム；きのこ

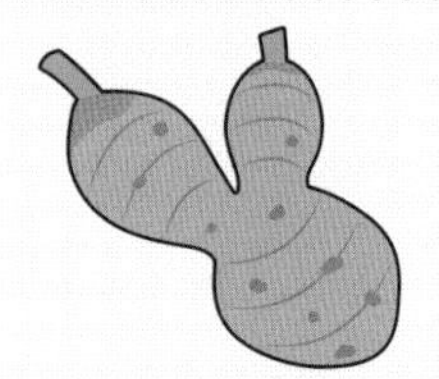

ジンジャァ
ginger
[dʒíndʒər]

しょうが

ガーリック
garlic
[gá:rlik]

ニンニク

ビーンズ
beans
[bí:nz]

豆(まめ)

ナッツ
nuts
[nʌ́ts]
ナッツ

フード
food
[fú:d]
食べ物（た もの）

ブレックファスト
breakfast
[brékfəst]
朝食（ちょうしょく）

ランチ
lunch
[lʌ́ntʃ]
昼食（ちゅうしょく）

ディナァ
dinner
[dínər]
夕食（ゆうしょく）

メニュ
menu
[ménju:]
メニュー

ランチバクス
lunchbox
[lʌ́ntʃbɑ̀ks]
弁当箱（べんとうばこ）

ミール
meal
[mí:l]

食事(しょくじ)

ライス
rice
[ráis]

ごはん

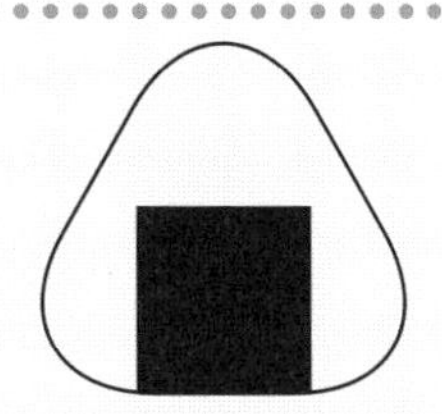

ライスボー
rice ball
[ráis bɔ̀:l]

おにぎり

ヌードゥルズ
noodles
[nú:dlz]

麺類(めんるい)

ブレッド
bread
[bréd]

パン

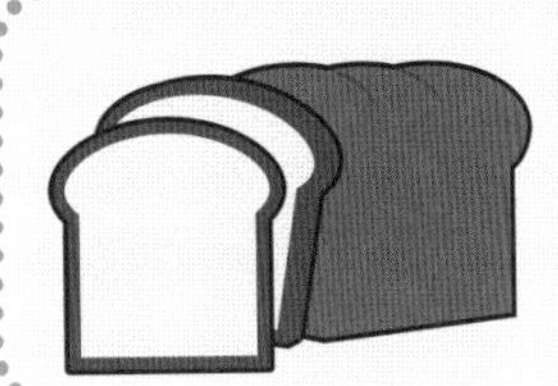

トウスト
toast
[tóust]

トースト

バタァ
butter
[bʌ́tər]

バター

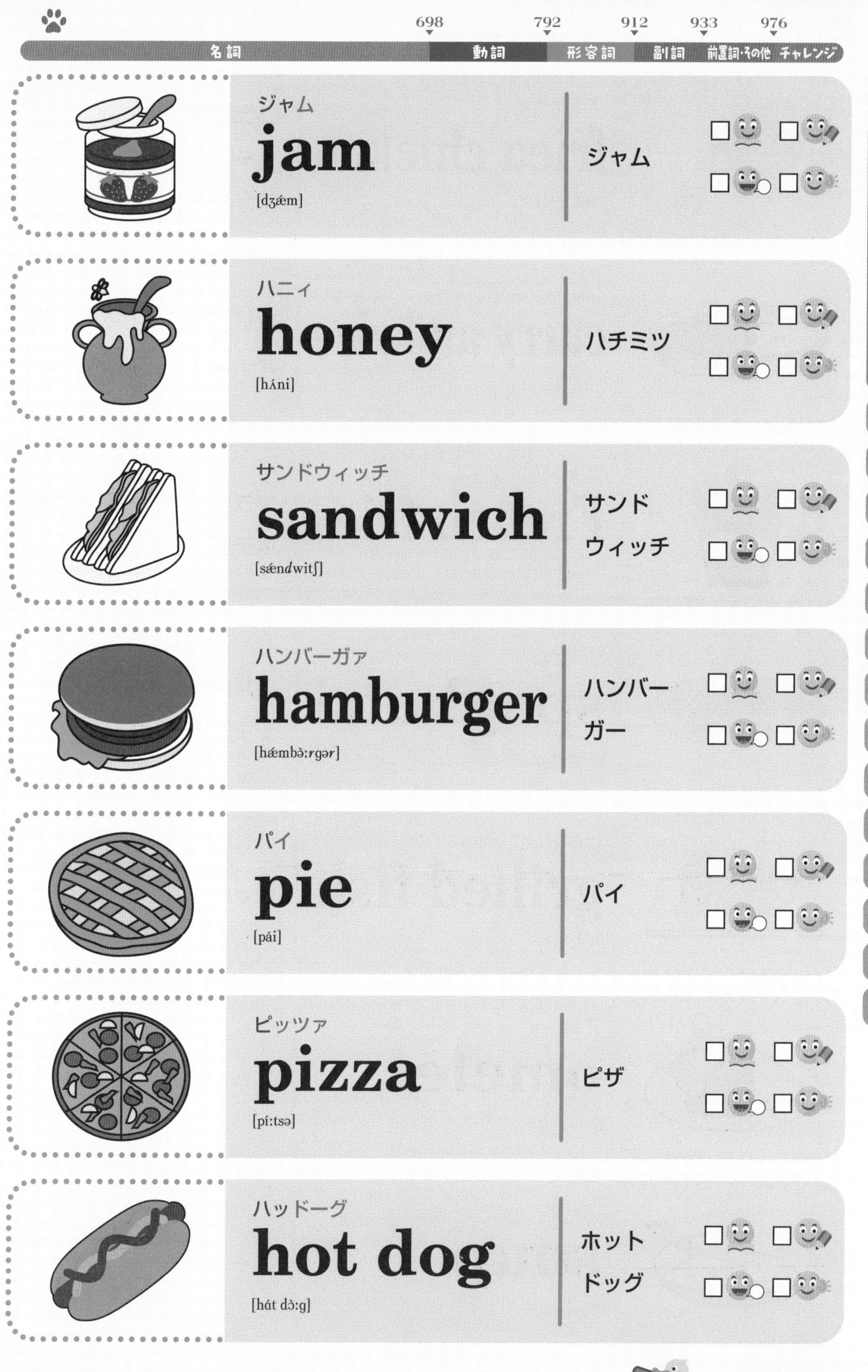

ジャム
jam
[dʒǽm]
ジャム

ハニィ
honey
[hʌ́ni]
ハチミツ

サンドウィッチ
sandwich
[sǽndwitʃ]
サンドウィッチ

ハンバーガァ
hamburger
[hǽmbə̀ːrgər]
ハンバーガー

パイ
pie
[pái]
パイ

ピッツァ
pizza
[píːtsə]
ピザ

ハッドーグ
hot dog
[hát dɔ̀ːg]
ホットドッグ

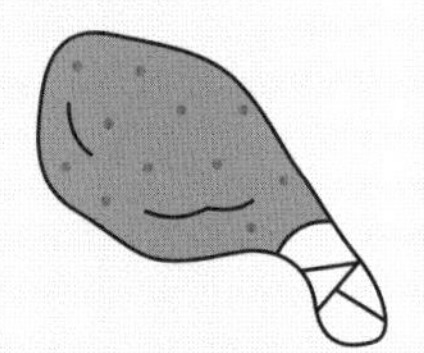

フライチキン
fried chicken
[fráid tʃíkən]
フライドチキン；からあげ

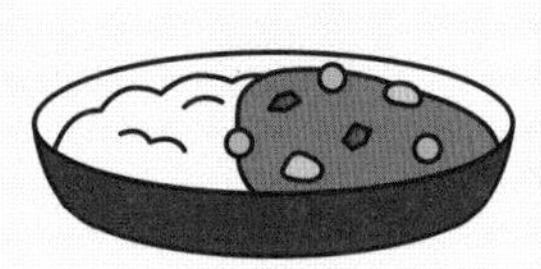

カリィエンライス
curry and rice
[kə́:ri ən ráis]
カレーライス

フレンチフライズ
French fries
[fréntʃ fráiz]
フライドポテト

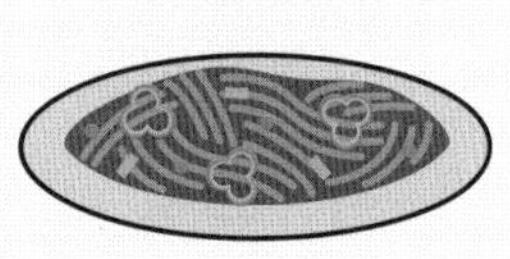

スパゲリィ
spaghetti
[spəgéti]
スパゲッティ

グリルドフィッシュ
grilled fish
[gríld fíʃ]
焼き魚（やきざかな）

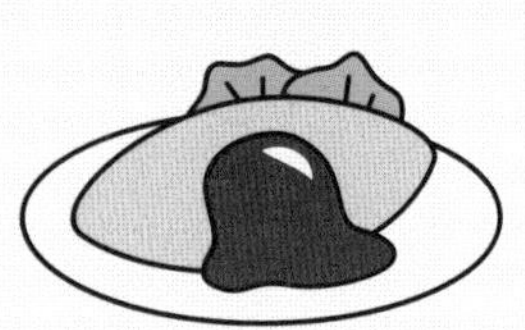

アムレッ
omelet
[ámәlit]
オムレツ

スープ
soup
[sú:p]
スープ

ステイク
steak
[stéik]
ステーキ

ソース
sauce
[sɔ́:s]
ソース

サラド
salad
[sǽləd]
サラダ

エッグ
egg
[ég]
卵(たまご)

チーズ
cheese
[tʃí:z]
チーズ

ディザート
dessert
[dizə́:rt]
デザート

チョコリット
chocolate
[tʃɔ́:kələt]
チョコレート

パーフェイ
parfait
[pɑːrféi]

パフェ

ケイク
cake
[kéik]

ケーキ

ドウナッ
donut
[dóunət]

ドーナツ

プディン
pudding
[púdiŋ]

プリン

ヨーグゥ
yogurt
[jóugərt]

ヨーグルト

アイスクリーム
ice cream
[áis kríːm]

アイスクリーム

パンケイク
pancake
[pǽnkèik]

ホットケーキ

スナック
snack
[snǽk]

おやつ；軽食（けいしょく）

ポテイトウチップス
potato chips
[pətéitou tʃíps]

ポテトチップ

シェイヴタイス
shaved ice
[ʃéivt áis]

かき氷（ごおり）

「棒付きアイスキャンディ」のことは popsicle ポプシクル [pápsikl] というよ。

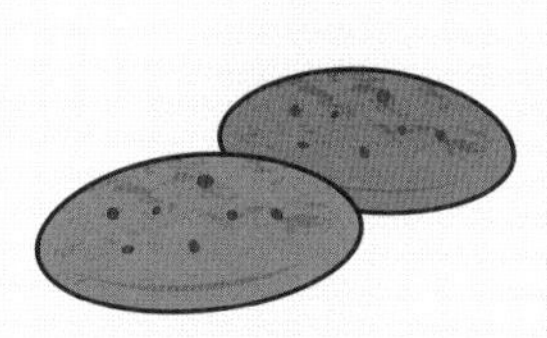

クキィ
cookie
[kúki]

クッキー

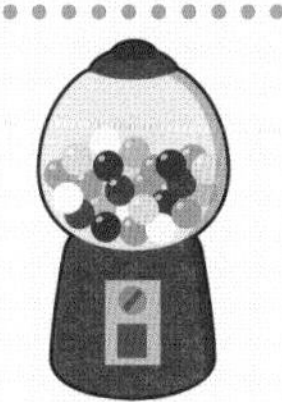

ガム
gum
[gʌ́m]

ガム

キャンディ
candy
[kǽndi]

あめ

シュガァ
sugar
[ʃúgər]

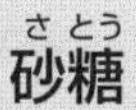

砂糖（さとう）

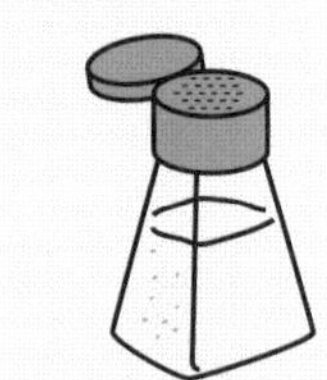

ソールト
salt
[sɔ́:lt]

しお
塩

ペパァ
pepper
[pépər]

コショウ

オイル
oil
[ɔ́il]

あぶら
油

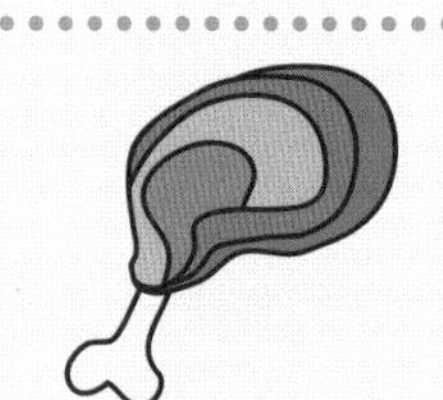

ミート
meat
[mí:t]

にく
肉

ビーフ
beef
[bí:f]

ぎゅうにく
牛肉

ポーク
pork
[pɔ́:rk]

ぶたにく
豚肉

チキン
chicken
[tʃíkən]

とりにく
鶏肉

ハム
ham
[hǽm]
ハム

ベイコン
bacon
[béikən]
ベーコン

ソーセジ
sausage
[sɔ́:sidʒ]
ソーセージ

ドゥリンク
drink
[dríŋk]
飲み物

ミネラルワーラァ
mineral water
[mínərəl wɔ̀:tər]
ミネラルウォーター

グリンティ
green tea
[grí:n tì:]
緑茶；お茶

ミルク
milk
[mílk]
牛乳

コーフィ
coffee
[kɔ́fi]

コーヒー

ティー
tea
[tíː]

お茶（ちゃ）；紅茶（こうちゃ）

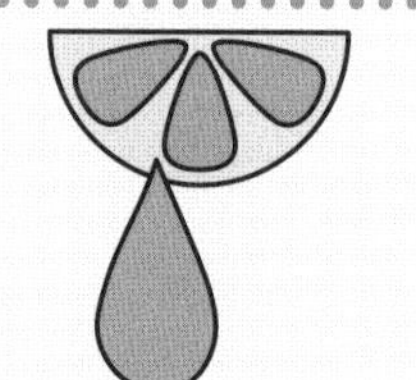

ジュース
juice
[dʒúːs]

果汁（かじゅう）

オーンジジュース
orange juice
[ɔ́ːrindʒ dʒùːs]

オレンジジュース

ソウダポッ
soda pop
[sóudə pɑ̀p]

炭酸飲料（たんさんいんりょう）

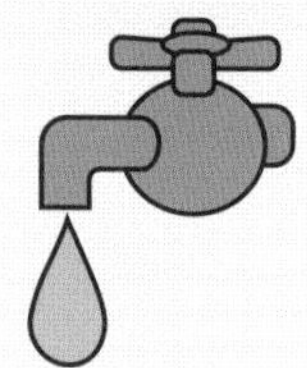

ウォータァ
water
[wɔ́ːtər]

水（みず）

アイス
ice
[áis]

氷（こおり）

③ 学校(がっこう)・文房具(ぶんぼうぐ)・かたち

school, stationery, shapes

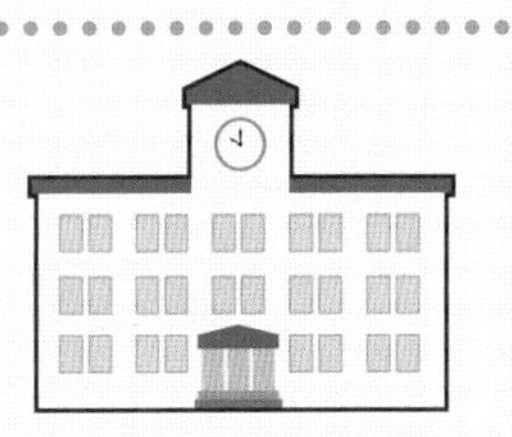

スクール
school
[skú:l]

学校(がっこう)

エレメンタリィスクー
elementary school
[èləméntəri skù:l]

小学校(しょうがっこう)

ジュニアハイスクー
junior high school
[dʒú:niər hái skù:l]

中学校(ちゅうがっこう)

ジム
gym
[dʒím]

体育館(たいいくかん)

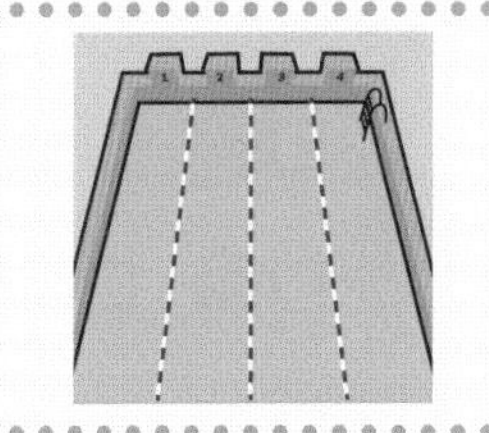

スウィミンプー
swimming pool
[swímiŋ pù:l]

プール

ティーチャア
teacher
[tí:tʃər]

先生(せんせい)

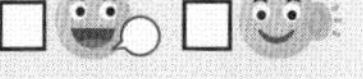

ステューデント
student
[stjúːdnt]

生徒(せいと)

クラスメイト
classmate
[klǽsmèit]

クラスメイト

クラス
class
[klǽs]

クラス；授業(じゅぎょう)

クラスルーム
classroom
[klǽsrùːm]

教室(きょうしつ)

グループ
group
[grúːp]

グループ；団体(だんたい)

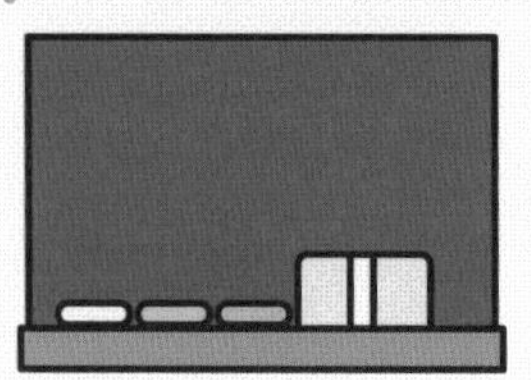

ブラックボード
blackboard
[blǽkbɔ̀ːrd]

黒板(こくばん)

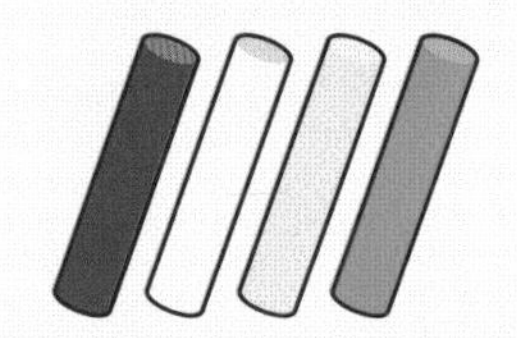

チョーク
chalk
[tʃɔ́ːk]

チョーク

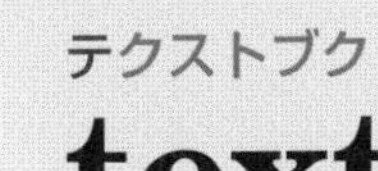

テクストブク
textbook
[tékstbùk]

教科書(きょうかしょ)

タブリット（コンピュータァ）
tablet (computer)
[tǽblit (kəmpjú:tər)]

タブレットコンピューター

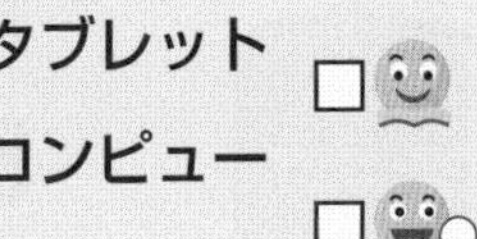

レッスン
lesson
[lésn]

レッスン；授業(じゅぎょう)

クウェスション
question
[kwéstʃən]

質問(しつもん)；疑問(ぎもん)

ホウムワーク
homework
[hóumwè:rk]

宿題(しゅくだい)

クラブ
club
[klʌ́b]

クラブ

デスク
desk
[désk]

机(つくえ)

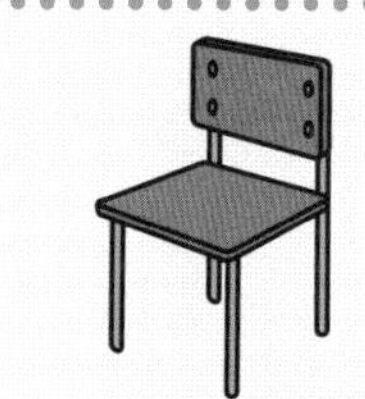

チェアァ
chair
[tʃéər]

いす

スクーバッグ
schoolbag
[skú:l bæ̀g]

ランドセル；通学(つうがく)かばん

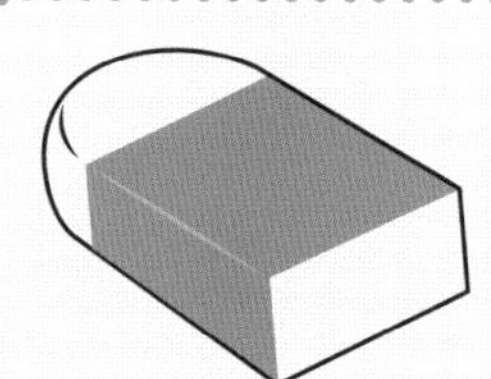

イレイサァ
eraser
[iréisər]

消(け)しゴム

ペンスル
pencil
[pénsəl]

鉛筆(えんぴつ)

ペン
pen
[pén]

ペン

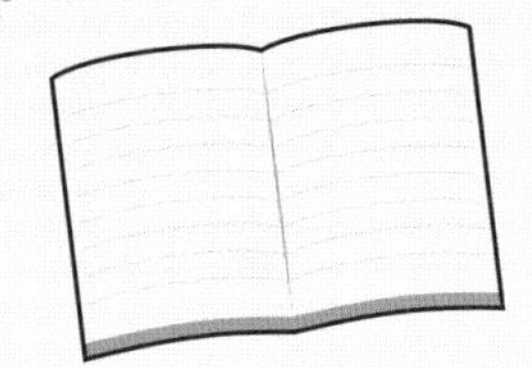

ノウトブック
notebook
[nóutbùk]

ノート

スィザァズ
scissors
[sízərz]

はさみ

ペイパァ
paper
[péipər]
かみ
紙
ルーラァ
ruler
[rú:lər]
じょうぎ
定規
0 1 2 3 4 5 6 7 8
グルースティック
glue stick
[glú: stìk]
スティック
のり
glue
マーカァ
marker
[má:rkər]
マーカー；
サインペン
ステイプラァ
stapler
[stéiplər]
ホチキス
マグニット
magnet
[mǽgnit]
マグネット；
じしゃく
磁石
S
N
クレイヤン
crayon
[kréiɑn]
クレヨン
あ

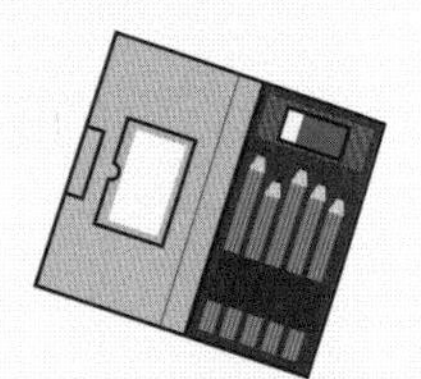

ペンスルケイス
pencil case
[pénsəl kèis]

ふでばこ

ペンスルシャープナァ
pencil sharpener
[pénsəl ʃɑ́ːrpənər]

鉛筆削り(えんぴつけず)

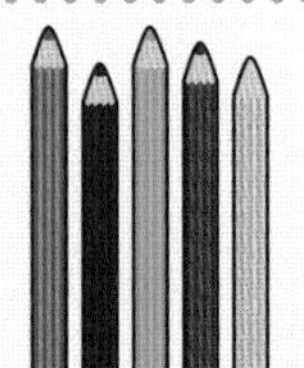

カラァドペンスル
colored pencil
[kʌ́lərd pènsəl]

色(いろ)えんぴつ

インク
ink
[íŋk]

インク

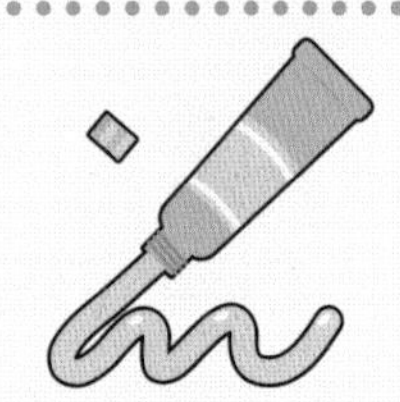

ペイント
paint
[péint]

絵(え)の具(ぐ)

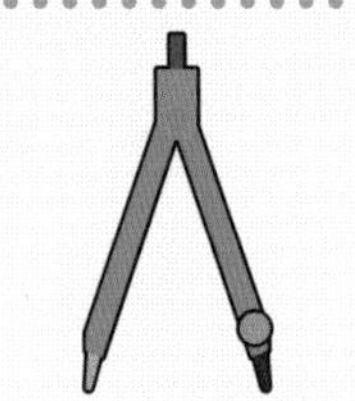

コンパス
compass
[kʌ́mpəs]

コンパス

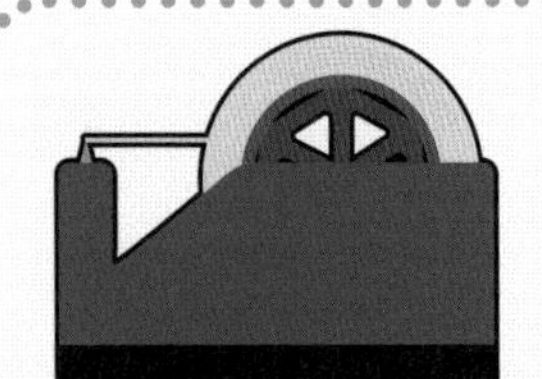

テイプ
tape
[téip]

テープ

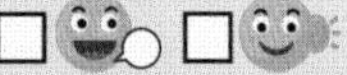

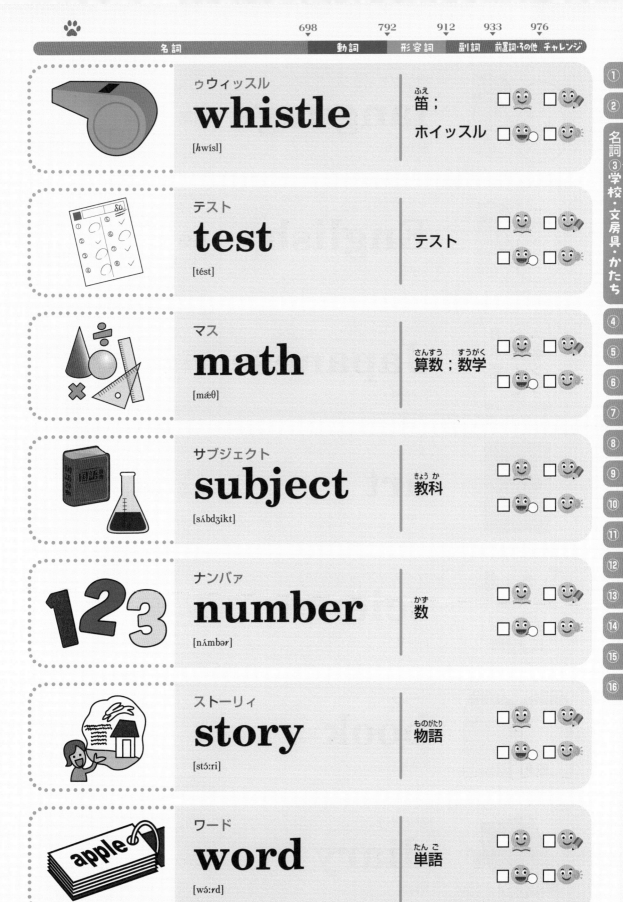

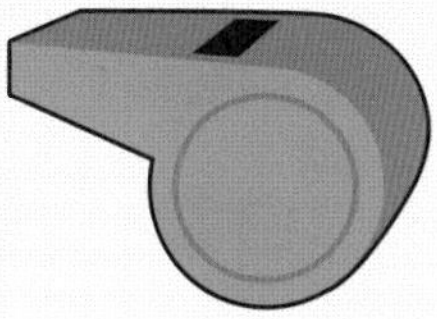

ウウィッスル
whistle
[*h*wísl]
笛（ふえ）；ホイッスル

テスト
test
[tést]
テスト

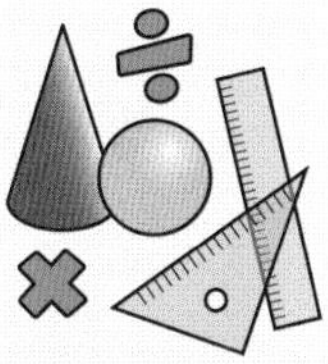

マス
math
[mǽθ]
算数（さんすう）；数学（すうがく）

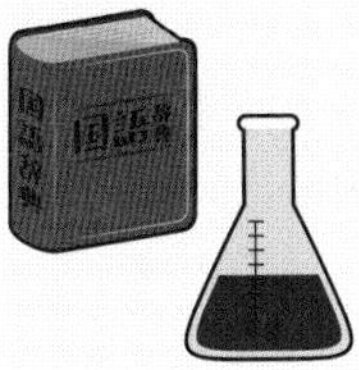

サブジェクト
subject
[sʌ́bdʒikt]
教科（きょうか）

ナンバァ
number
[nʌ́mbə*r*]
数（かず）

ストーリィ
story
[stɔ́ːri]
物語（ものがたり）

ワード
word
[wə́ː*r*d]
単語（たんご）

ラングウィッジ
language
[lǽŋgwidʒ]

げんご
言語

イングリッシュ
English
[íŋgliʃ]

えいご
英語

ジャパニーズ
Japanese
[dʒæ̀pəníːz]

にほんご
日本語

アート
art
[áːrt]

びじゅつ　げいじゅつ
美術；芸術

サイエンス
science
[sáiəns]

りか　かがく
理科；科学

ブック
book
[búk]

ほん
本

ダイアリィ
diary
[dáiəri]

にっき
日記

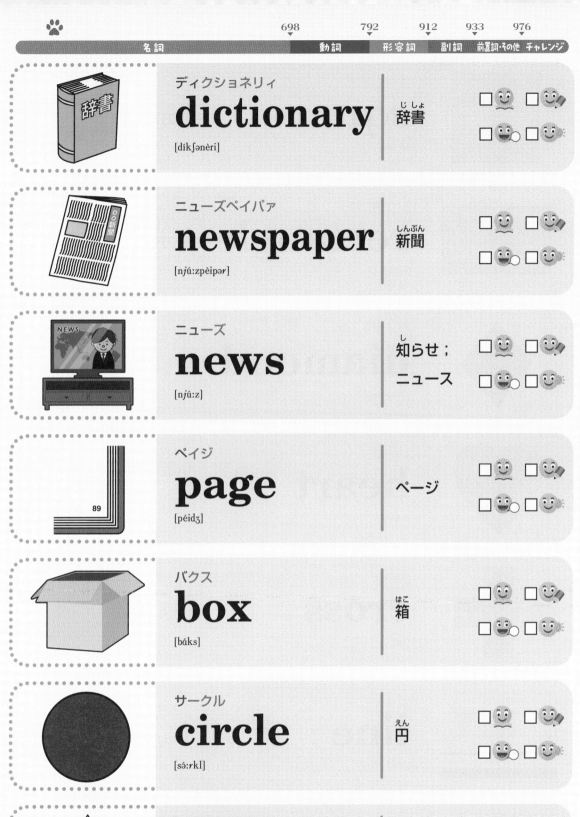

ディクショネリィ
dictionary
[díkʃənèri]
辞書（じしょ）
□ □ □ □

ニューズペイパァ
newspaper
[njú:zpèipər]
新聞（しんぶん）
□ □ □ □

ニューズ
news
[njú:z]
知（し）らせ；ニュース
□ □ □ □

ペイジ
page
[péidʒ]
ページ
□ □ □ □

バクス
box
[báks]
箱（はこ）
□ □ □ □

サークル
circle
[sə́:rkl]
円（えん）
□ □ □ □

トライアングル
triangle
[tráiæŋgl]
三角形（さんかっけい）
□ □ □ □

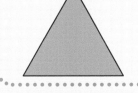

スクウェア
square
[skwέər]

正方形（せいほうけい）

レクタングル
rectangle
[réktæ̀ŋgl]

長方形（ちょうほうけい）

ダイアモンド
diamond
[dáiəmənd]

ひし形（がた）

ハート
heart
[hɑ́:rt]

ハート（型（がた））

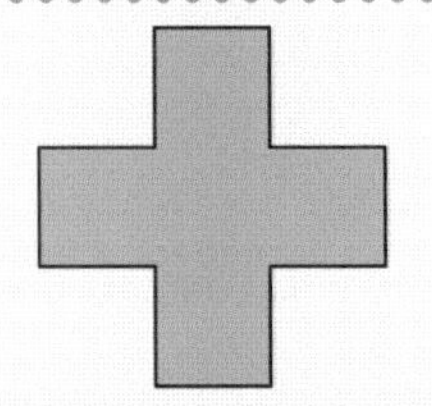

クロス
cross
[krɔ́:s]

十字（じゅうじ）（型（がた））

ライン
line
[láin]

線（せん）

④ 楽器（がっき）・スポーツ

musical instruments, sports

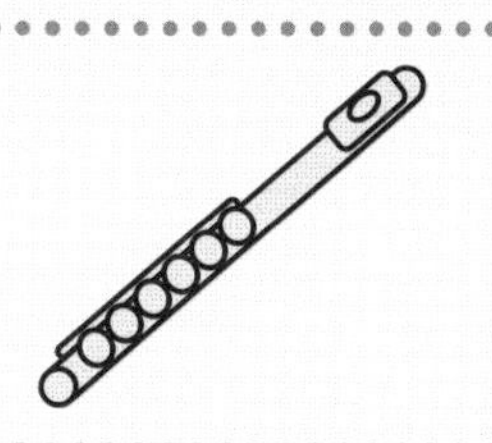

フルート
flute
[flúːt]

フルート

ヴァイオリン
violin
[vàiəlín]

バイオリン

ギター
guitar
[gitáːr]

ギター

ドゥラム
drum
[drʌ́m]

たいこ

ピアノウ
piano
[piǽnou]

ピアノ

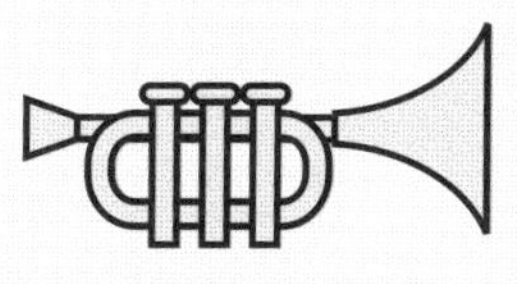

トゥランピット
trumpet
[trʌ́mpit]

トランペット

リコーダァ
recorder
[rikɔ́:*r*də*r*]

リコーダー

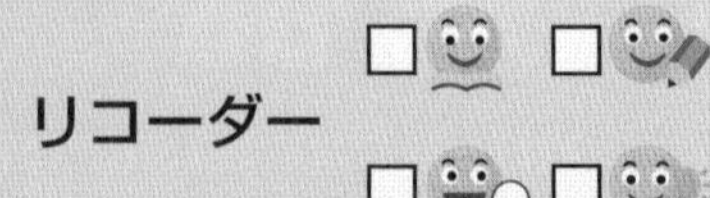

ミューズィック
music
[mjú:zik]

音楽（おんがく）

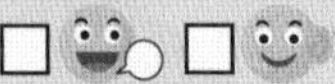

ソーング
song
[sɔ́:ŋ]

歌（うた）

サウンド
sound
[sáund]

音（おと）

スポート
sport
[spɔ́:*r*t]

スポーツ

ゲイム
game
[géim]

試合（しあい）

テニス
tennis
[ténis]

テニス

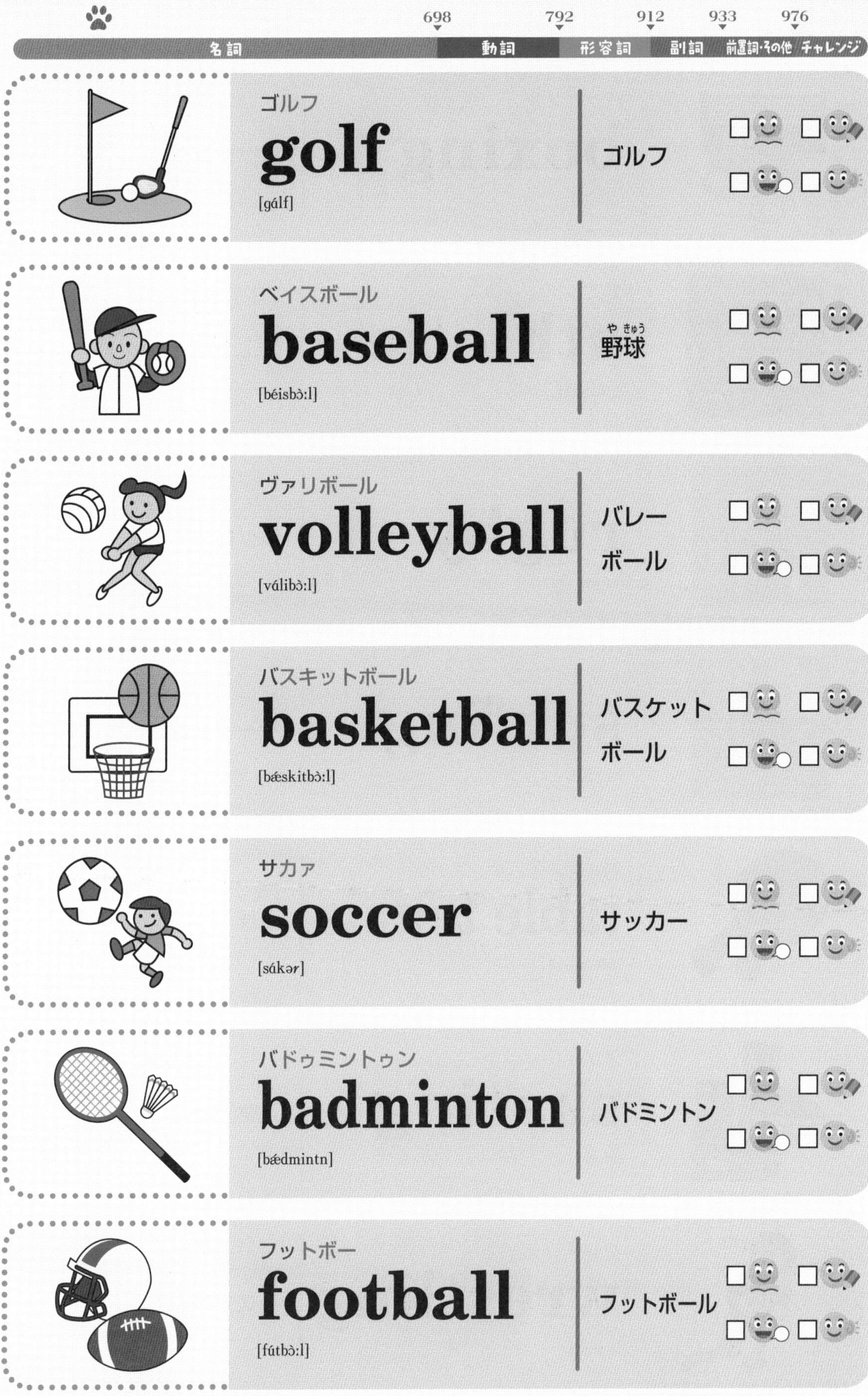

ゴルフ
golf
[gálf]
ゴルフ

ベイスボール
baseball
[béisbɔ̀:l]
野球（やきゅう）

ヴァリボール
volleyball
[válibɔ̀:l]
バレーボール

バスキットボール
basketball
[bǽskitbɔ̀:l]
バスケットボール

サカァ
soccer
[sákər]
サッカー

バドゥミントゥン
badminton
[bǽdmintn]
バドミントン

フットボー
football
[fútbɔ̀:l]
フットボール

バクスィン
boxing
[báksiŋ]
ボクシング

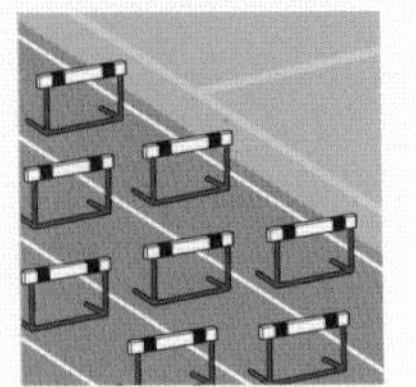

アスレティックス
athletics
[æθlétiks]
陸上(競技)(りくじょうきょうぎ)

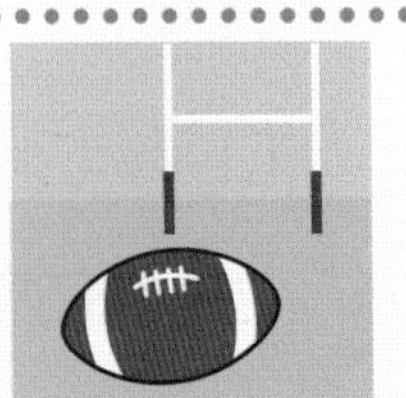

ゥルアグビ
rugby
[rʌ́gbi]
ラグビー

スァーフィン
surfing
[sə́:rfiŋ]
サーフィン

テイブルテニス
table tennis
[téibl tènis]
卓球(たっきゅう)

スケイティン
skating
[skéitiŋ]
スケート

ゥレスリン
wrestling
[résliŋ]
レスリング

ジムナスティックス
gymnastics
[dʒimnǽstiks]

体操（たいそう）
※競技（きょうぎ）の種目（しゅもく）

マラスン
marathon
[mǽrəθɑ̀n]

マラソン

ゥウィールチェアバスケッボー
wheelchair basketball
[hwí:ltʃὲər bǽskitbɔ̀:l]

車いす
バスケット
ボール

ゴウル
goal
[góul]

ゴール

ティーム
team
[tí:m]

チーム

ボール
ball
[bɔ́:l]

ボール

ラキット
racket
[rǽkit]

ラケット

バット
bat
[bǽt]

バット

グラブ
glove
[glʌ́v]

グローブ；グラブ

アリンピク ゲイムズ
Olympic Games
[əlímpik géimz]

オリンピック

パラリンピク ゲイムズ
Paralympic Games
[pæ̀rəlímpik géimz]

パラリンピック

⑤ からだ
body

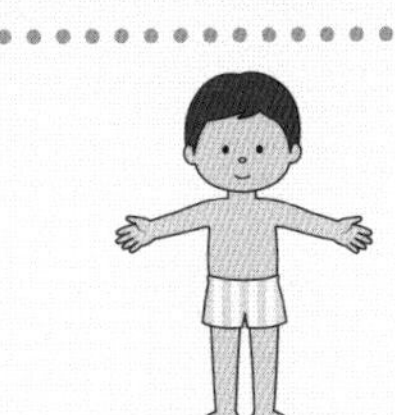

バディ
body
[bádi]

からだ
体

ヘッド
head
[héd]

あたま　くび　うえ
頭（首から上の部分）

ヘアァ
hair
[héər]

かみ
髪

フェイス
face
[féis]

かお
顔

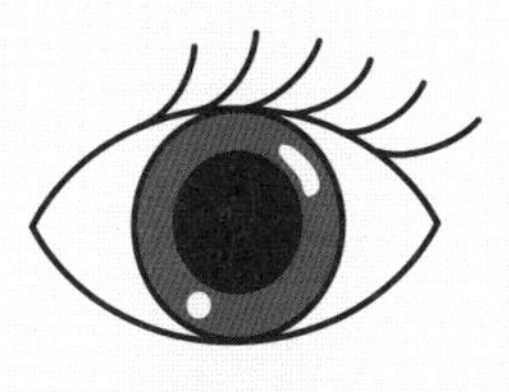

アイ
eye
[ái]

め
目

チーク
cheek
[tʃí:k]

ほお

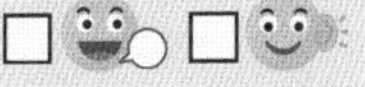

イアァ
ear
[íər]
耳（みみ）

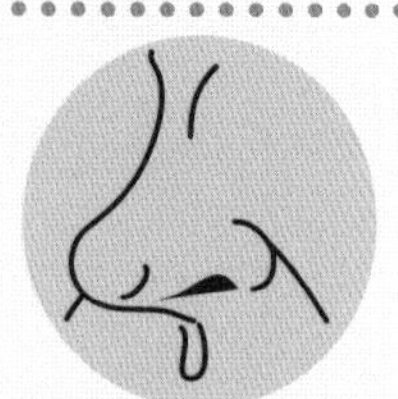

ノウズ
nose
[nóuz]
鼻（はな）

マウス
mouth
[máuθ]
口（くち）

リップス
lips
[líps]
くちびる

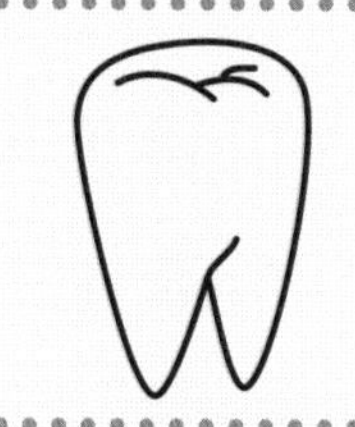

トゥース
tooth
[tú:θ]
歯（は）

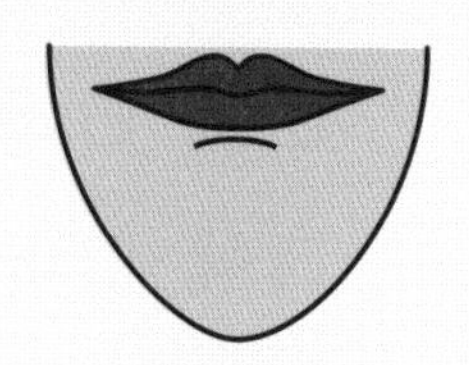

チン
chin
[tʃín]
あご

ハート
heart
[há:rt]
心臓（しんぞう）

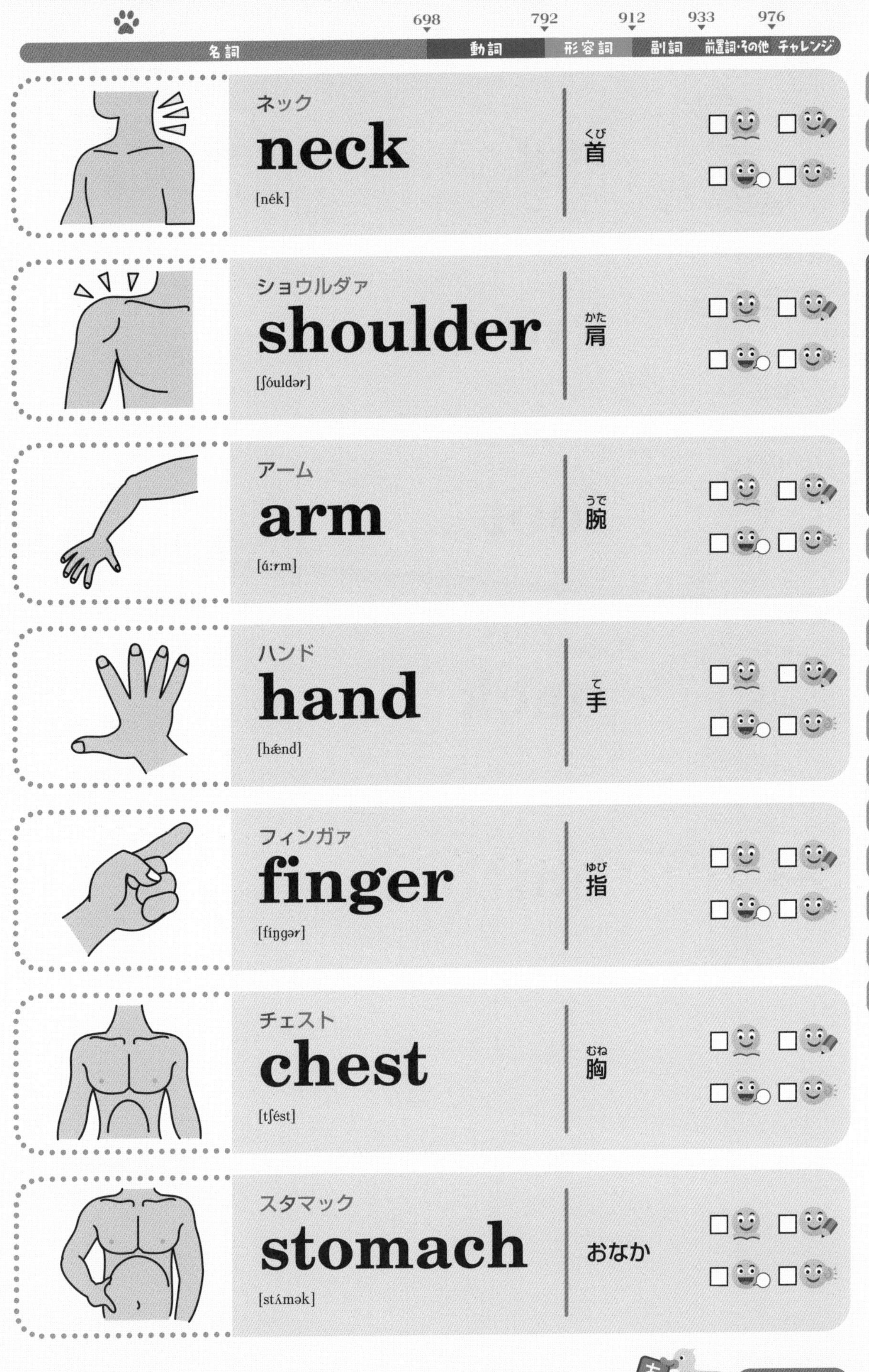

ネック
neck
[nék]
首（くび）

ショウルダァ
shoulder
[ʃóuldər]
肩（かた）

アーム
arm
[á:rm]
腕（うで）

ハンド
hand
[hǽnd]
手（て）

フィンガァ
finger
[fíŋgər]
指（ゆび）

チェスト
chest
[tʃést]
胸（むね）

スタマック
stomach
[stʌ́mək]
おなか

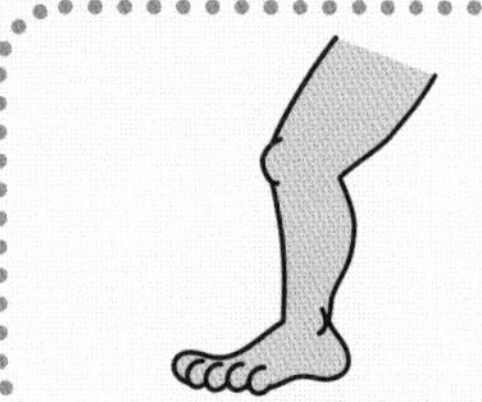

レッグ
leg
[lég]

足(全体)

ニー
knee
[níː]

ひざ

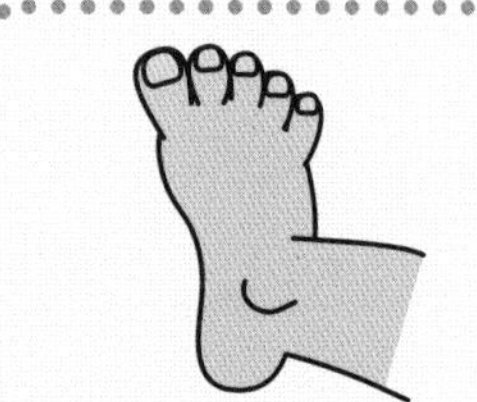

フット
foot
[fút]

足(先端部分)

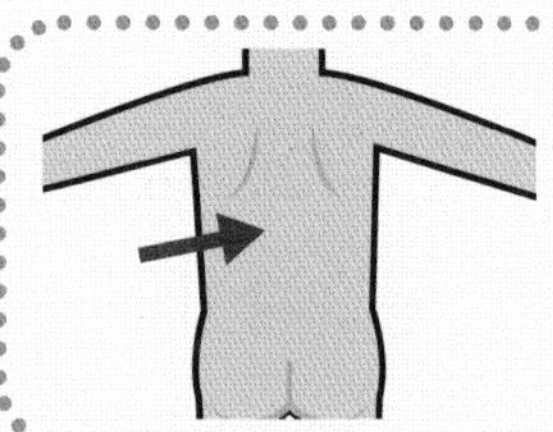

バック
back
[bǽk]

背中

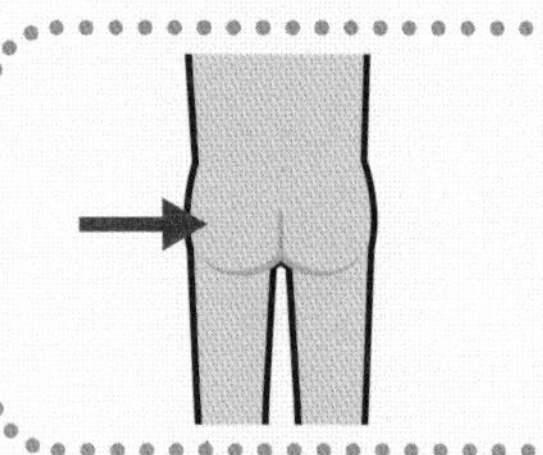

バタム
bottom
[bɑ́təm]

お尻

⑥ 家族（かぞく）

family

ファミリィ
family
[fǽməli]
家族（かぞく）

ペアレント
parent
[péərənt]
親（おや）

ファーザァ
father
[fɑ́ːðər]
父（ちち）

マザァ
mother
[mʌ́ðər]
母（はは）

ダッド
dad
[dǽd]
お父（とう）さん

マム
mom
[mɑ́m]
お母（かあ）さん

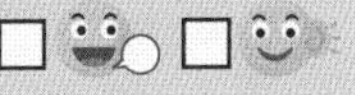

サン
son
[sʌ́n]

息子（むすこ）

ドータァ
daughter
[dɔ́ːtər]

娘（むすめ）

ブラザァ
brother
[brʌ́ðər]

兄弟（きょうだい）

シスタァ
sister
[sístər]

姉妹（しまい）

オウルダァブラザァ
older brother
[óuldər brʌ̀ðər]

兄（あに）

オウルダァシスタァ
older sister
[óuldər sìstər]

姉（あね）

ヤンガァブラザァ
younger brother
[jʌ́ŋgər brʌ̀ðər]

弟（おとうと）

ヤンガァシスタァ
younger sister
[jʌ́ŋgər sìstər]
妹（いもうと）

アンクル
uncle
[ʌ́ŋkl]
おじ

アント
aunt
[ǽnt]
おば

カズン
cousin
[kʌ́zn]
いとこ

グラン(ド)ファーザァ
grandfather
[grǽndfɑ̀:ðər]
祖父（そふ）

グラン(ド)マザァ
grandmother
[grǽndmʌ̀ðər]
祖母（そぼ）

⑦ 家（いえ）

house

ホウム
home
[hóum]

家庭（かてい）

ハウス
house
[háus]

家（いえ）

アパートメン
apartment
[əpáːrtmənt]

アパート；マンション

英語（えいご）の mansion [mǽnʃən] は、お金持（かねも）ちが住むような「豪邸（ごうてい）」のことだよ。

キー
key
[kíː]

カギ

リビンルーム
living room
[líviŋ rùːm]

居間（いま）；リビングルーム

ダイニングルーム
dining room
[dáiniŋ rùːm]

ダイニングルーム

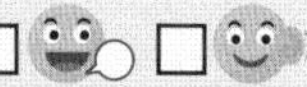

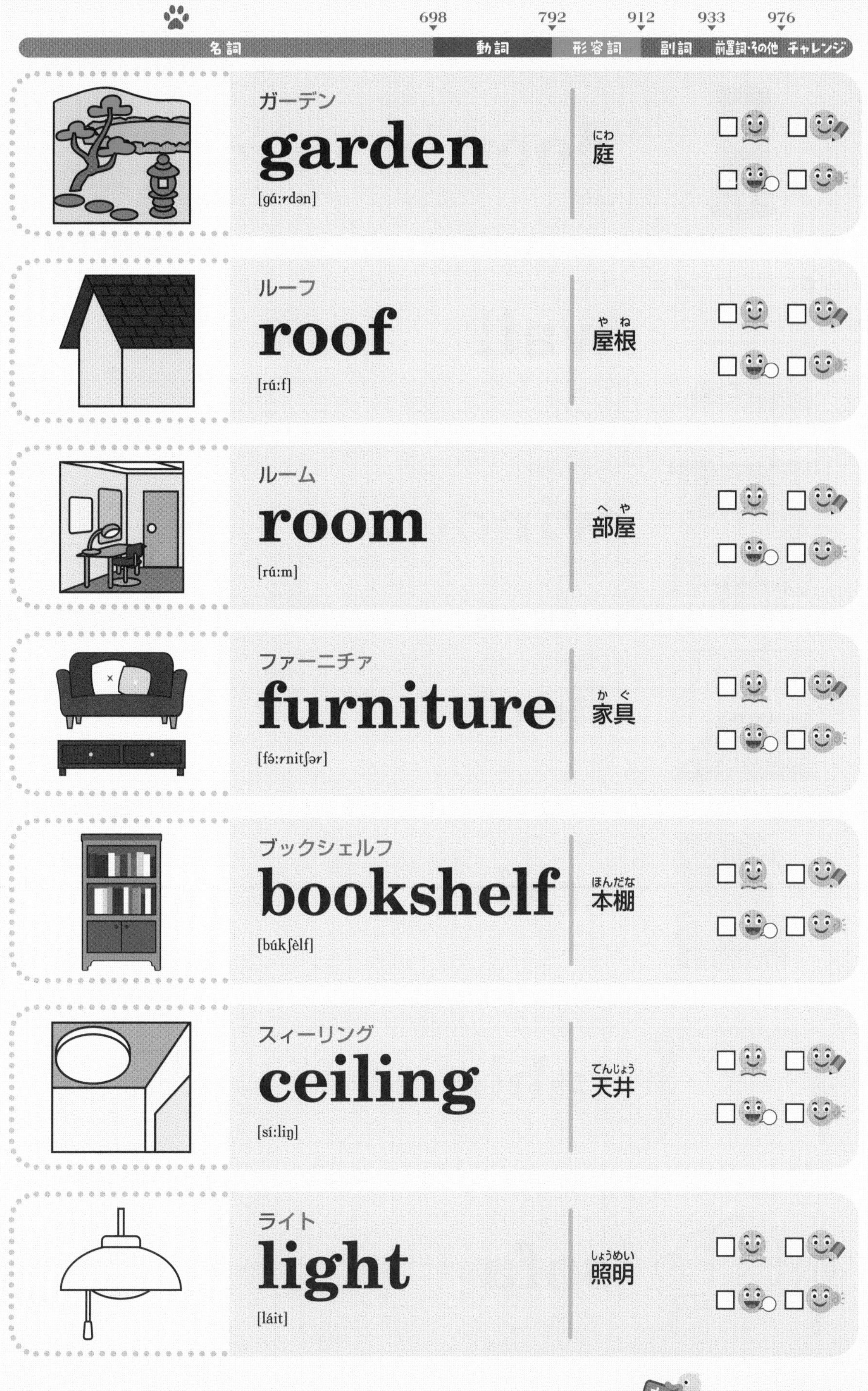

ガーデン
garden
[gáːrdən]
にわ
庭

ルーフ
roof
[rúːf]
やね
屋根

ルーム
room
[rúːm]
へや
部屋

ファーニチァ
furniture
[fə́ːrnitʃər]
かぐ
家具

ブックシェルフ
bookshelf
[búkʃèlf]
ほんだな
本棚

スィーリング
ceiling
[síːliŋ]
てんじょう
天井

ライト
light
[láit]
しょうめい
照明

ドーァ
door
[dɔ́ːr]
ドア

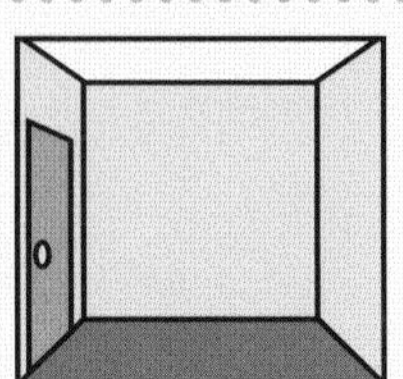

ウォール
wall
[wɔ́ːl]
壁（かべ）

ウインドウ
window
[wíndou]
窓（まど）

フローァ
floor
[flɔ́ːr]
床（ゆか）

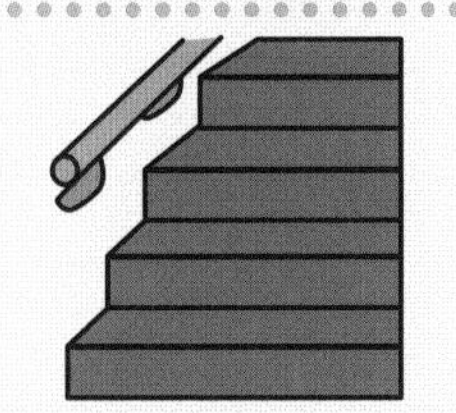

ステアーズ
stairs
[stéərz]
階段（かいだん）

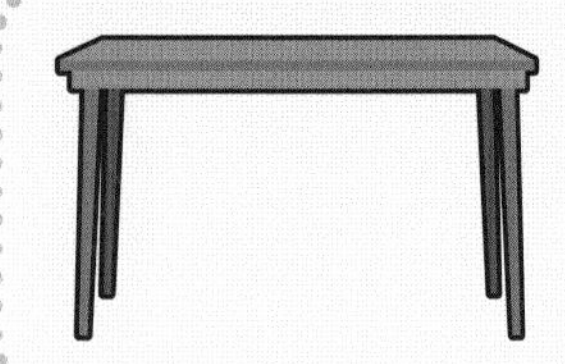

テイボゥ
table
[téibl]
テーブル

ソウファ
sofa
[sóufə]
ソファ

テレフォウン
telephone
[téləfòun]
電話（でんわ）

クラック
clock
[klák]
時計（とけい）

レイディオウ
radio
[réidiòu]
ラジオ

テレヴィジョン
television
[téləvìʒən]
テレビ

コンピュータァ
computer
[kəmpjú:tər]
コンピューター

インタネット
internet
[íntə:rnèt]
インターネット

ヴェイス
vase
[véis]
花（か）びん

バキット
bucket
[bʌ́kit]

バケツ

ティシュー
tissue
[tíʃuː]

ティッシュ

キャンドゥル
candle
[kǽndl]

ろうそく

トラッシュ
trash
[trǽʃ]

ゴミ；くず

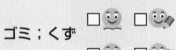

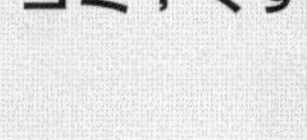

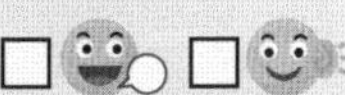

生(なま)ゴミを含(ふく)むゴミのことは、garbage ガーベッジ [gáːrbidʒ]（→ p. 193）というよ。

⑧ 台所(だいどころ)・浴室(よくしつ)・寝室(しんしつ)

kitchen, bathroom, bedroom

033

キッチン
kitchen
[kítʃən]
台所(だいどころ)

リフリジレイタァ
refrigerator
[rifrídʒərèitər]
冷蔵庫(れいぞうこ)

ナイフ
knife
[náif]
ナイフ

スプーン
spoon
[spúːn]
スプーン

フォーク
fork
[fɔ́ːrk]
フォーク

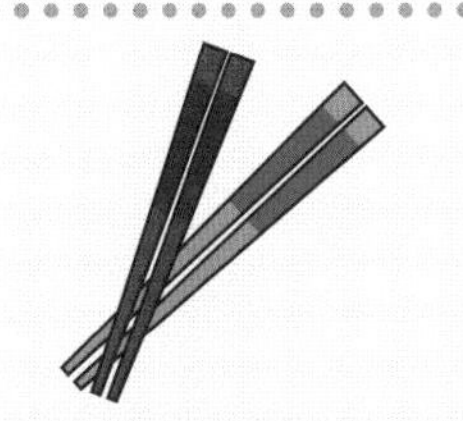

チャップスティックス
chopsticks
[tʃápstìks]
はし

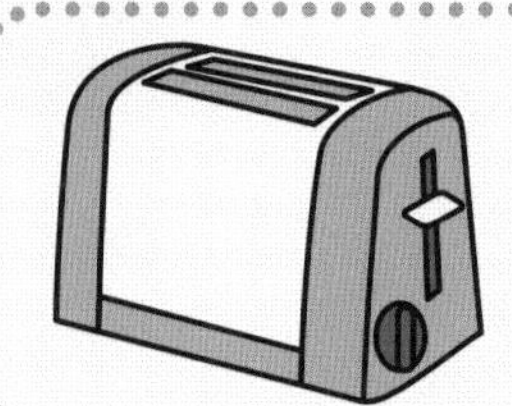

トウスタァ
toaster
[tóustər]

トースター

ケトル
kettle
[kétl]

やかん

パン
pan
[pǽn]

鍋(なべ)

パット
pot
[pát]

取(と)っ手(て)のついた深(ふか)なべ

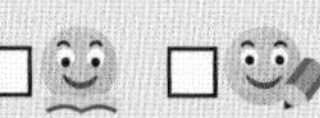

日本語(にほんご)のポット（やかん）と間違(まちが)えないようにね。

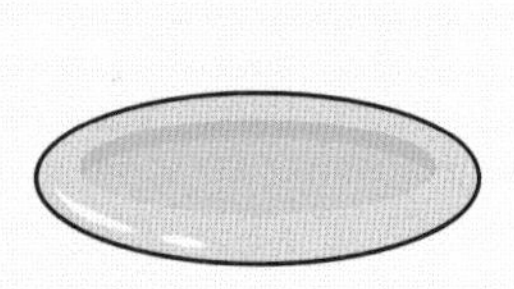

プレイト
plate
[pléit]

皿(さら)

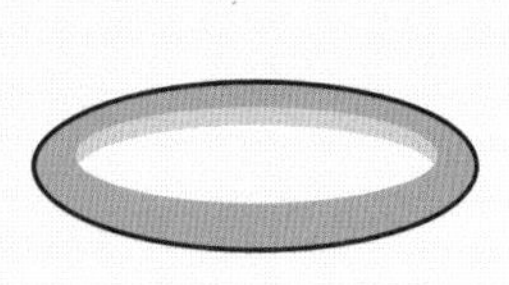

ディッシュ
dish
[díʃ]

皿

カップ
cup
[kʌ́p]

カップ；茶碗(ちゃわん)

グラス
glass
[glǽs]
コップ

キャン
can
[kǽn]
缶（かん）

バトゥル
bottle
[bátl]
びん

ボウル
bowl
[bóul]
ボウル

バスキット
basket
[bǽskit]
かご

バスルーム
bathroom
[bǽθrùːm]
浴室（よくしつ）

シャワァ
shower
[ʃáuər]
シャワー

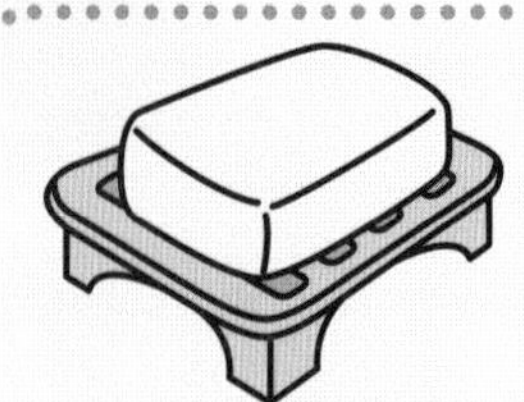

ソウプ
soap
[sóup]

せっけん

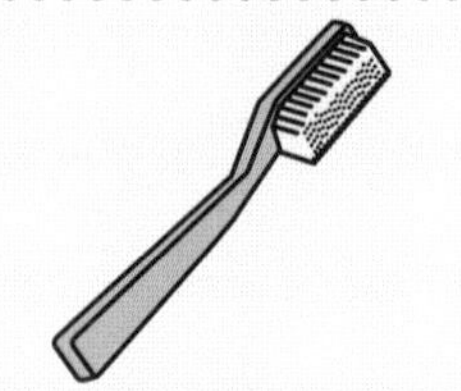

トゥースブラッシュ
toothbrush
[tú:θbrʌ̀ʃ]

歯(は)ブラシ

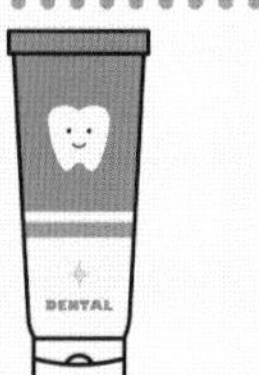

トゥースペイスト
toothpaste
[tú:θpèist]

歯みがき粉(こ)

ミラァ
mirror
[mírər]

鏡(かがみ)

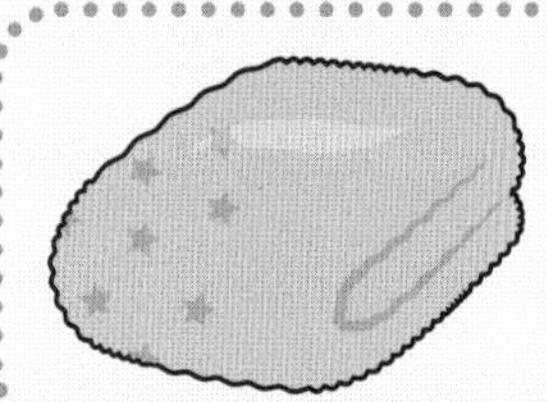

タゥォル
towel
[táuəl]

タオル

シャンプー
shampoo
[ʃæmpú:]

シャンプー

ブラッシュ
brush
[brʌ́ʃ]

ブラシ

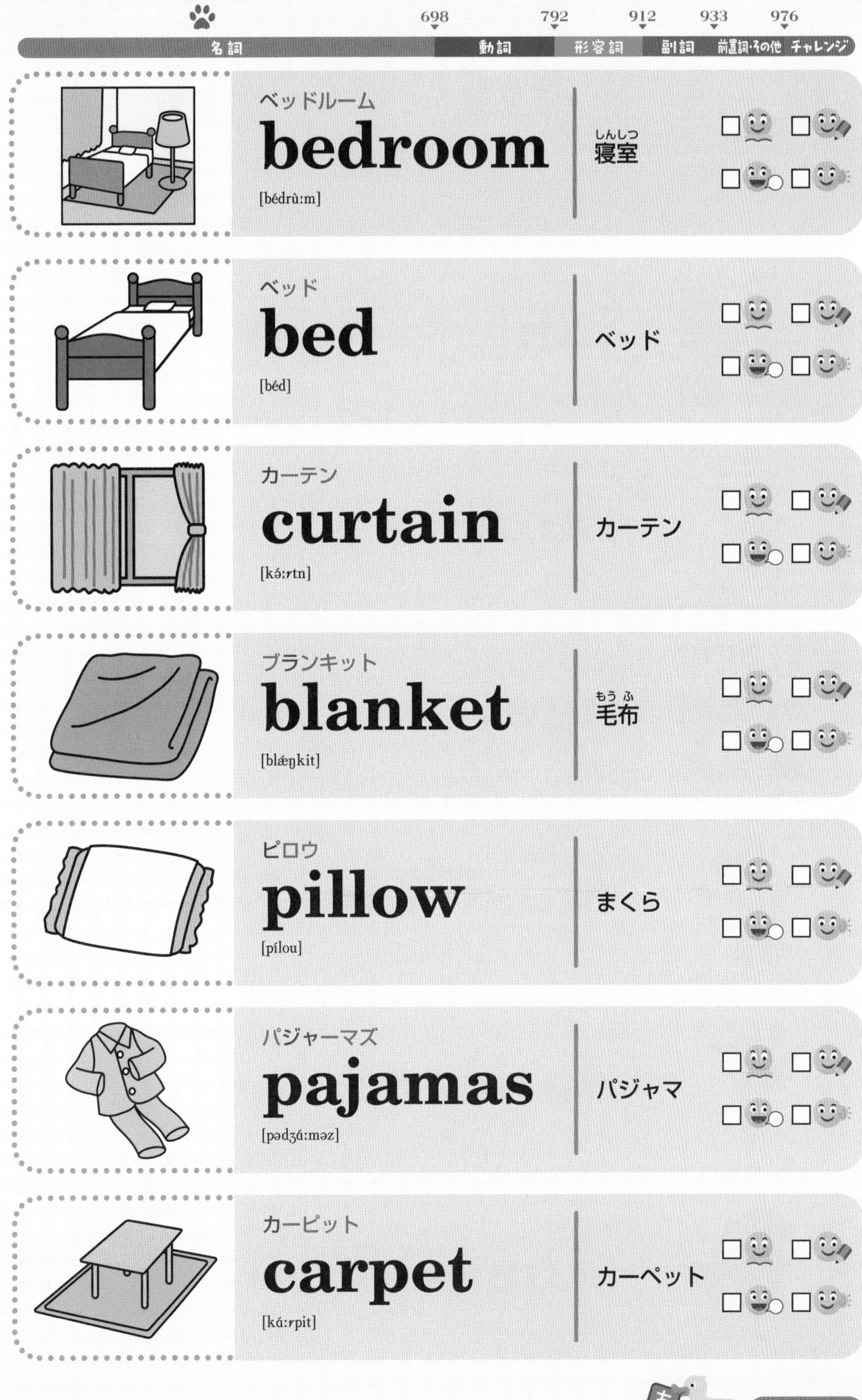

ベッドルーム
bedroom
[bédrù:m]
寝室（しんしつ）

ベッド
bed
[béd]
ベッド

カーテン
curtain
[kə́:rtn]
カーテン

ブランキット
blanket
[blǽŋkit]
毛布（もうふ）

ピロウ
pillow
[pílou]
まくら

パジャーマズ
pajamas
[pədʒá:məz]
パジャマ

カーピット
carpet
[ká:rpit]
カーペット

⑨ 職業・立場（しょくぎょう・たちば）

jobs, people

ジャブ
job
[dʒáb]
仕事（しごと）

ネイム
name
[néim]
名前（なまえ）

エイジ
age
[éidʒ]
年齢（ねんれい）

ミュージシャン
musician
[mju:zíʃən]
ミュージシャン

ダンサァ
dancer
[dǽnsər]
ダンサー

シンガァ
singer
[síŋər]
歌手（かしゅ）

ピアニスト
pianist
[píənist]
ピアニスト

ヴァイオリニスト
violinist
[vàiəlínist]
バイオリン
弾(ひ)き

ブラスバンド
brass band
[brǽs bǽnd]
吹奏楽団；
ブラスバンド

アクタァ
actor
[ǽktər]
俳優(はいゆう)

アクトゥレス
actress
[ǽktrəs]
女優(じょゆう)

スウィマァ
swimmer
[swímər]
競泳選手(きょうえいせんしゅ)

ライタァ
writer
[ráitər]

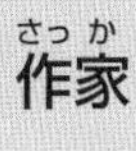
作家(さっか)

ダクタァ
doctor
[dáktər]
医者（いしゃ）

ナース
nurse
[nə́ːrs]
看護師（かんごし）

パイロット
pilot
[páilət]
パイロット

フライトゥアテンダント
flight attendant
[fláit ətèndənt]
飛行機（ひこうき）の客室乗務員（きゃくしつじょうむいん）

バスドライヴァ
bus driver
[bʌ́s dràivər]
バスの運転士（うんてんし）

カーペンタァ
carpenter
[káːrpəntər]
大工（だいく）

クック
cook
[kúk]
料理人（りょうりにん）

chef [ʃéf] も同じ意味（おないみ）だよ。

ベイカァ
baker
[béikər]
パン屋(や)

ファーマァ
farmer
[fá:rmər]
農家(のうか)の人(ひと)；農業経営者(のうぎょうけいえいしゃ)

デンティスト
dentist
[déntist]
歯医者(はいしゃ)

ベイスボープレイヤァ
baseball player
[béisbɔ̀:l plèiər]
野球選手(やきゅうせんしゅ)

サカァプレイヤァ
soccer player
[sákər plèiər]
サッカー選手(せんしゅ)

フィギュアスケイタァ
figure skater
[fígjər skèitər]
フィギュアスケーター

ポリースオフィサァ
police officer
[pəlí:s ɔ̀:fisər]
警察官(けいさつかん)

ファイアファイタア

firefighter

[fáiərfàitər]

消防士（しょうぼうし）

サイエンティスト

scientist

[sáiəntist]

科学者（かがくしゃ）

ズーキーパァ

zookeeper

[zú:kì:pər]

動物園（どうぶつえん）の飼育係（しいくがかり）

ヴェット

vet

[vét]

獣医（じゅうい）

インジニァ

engineer

[èndʒiníər]

エンジニア；技師（ぎし）

ゲイムクリエイタァ

game creator

[géim krièitər]

ゲームクリエイター

フローリスト

florist

[flɔ́:rist]

花屋（はなや）

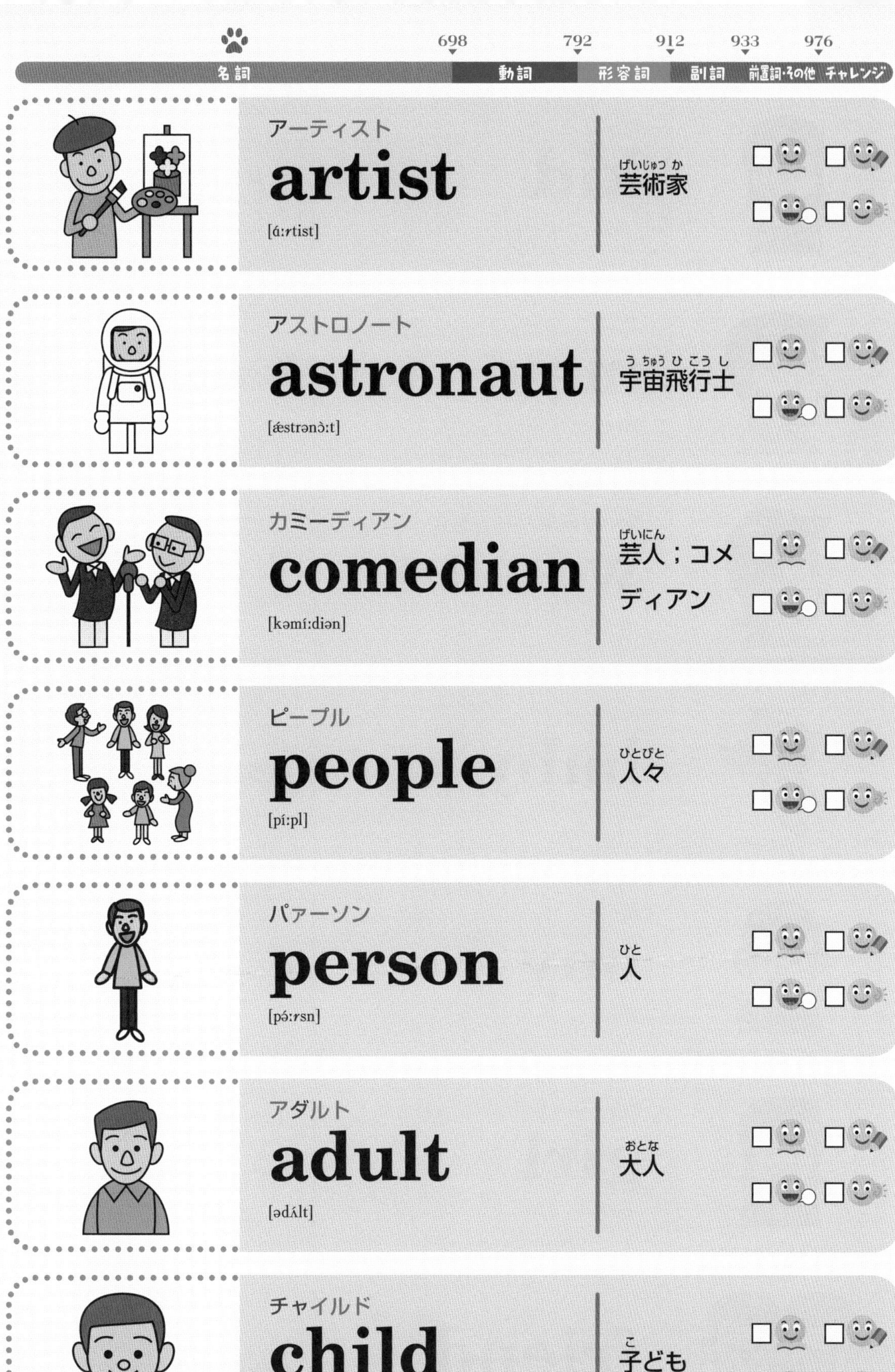

アーティスト
artist
[ɑ́:rtist]
芸術家（げいじゅつか）

アストロノート
astronaut
[ǽstrənɔ̀:t]
宇宙飛行士（うちゅうひこうし）

カミーディアン
comedian
[kəmí:diən]
芸人（げいにん）；コメディアン

ピープル
people
[pí:pl]
人々（ひとびと）

パァーソン
person
[pə́:rsn]
人（ひと）

アダルト
adult
[ədʌ́lt]
大人（おとな）

チャイルド
child
[tʃáild]
子（こ）ども

キッド
kid
[kíd]
子(こ)ども

マン
man
[mǽn]
男(おとこ)；男の人(ひと)

ウ(ー)マン
woman
[wúmən]
女(おんな)；女の人

ベイビィ
baby
[béibi]
赤(あか)ちゃん

ボーイ
boy
[bɔ́i]
少年(しょうねん)

ガァール
girl
[gə́ːrl]
少女(しょうじょ)

フレンド
friend
[frénd]
友(とも)だち

メンバァ
member
[mémbər]
メンバー；会員(かいいん)

エヴリワン
everyone
[évriwʌ̀n]
みんな；すべての人(ひと)

ネイバァ
neighbor
[néibər]
隣人(りんじん)

ホウスト
host
[hóust]
主人(しゅじん)

ゲスト
guest
[gést]
招待客(しょうたいきゃく)

ミスタァ
Mr.
[místər]
(男性(だんせい)に対(たい)して)～様(さま)；～先生(せんせい)

ミズ
Ms.
[míz]
(女性(じょせい)に対して)～様；～先生

ハズバンド
husband
[hʌ́zbənd]

夫（おっと）

ワイフ
wife
[wáif]

妻（つま）

ヒーロウ
hero
[híərou]

英ゆう（えいゆう）；ヒーロー

キン（グ）
king
[kíŋ]

王（おう）

クウィーン
queen
[kwíːn]

女王（じょおう）

プリンス
prince
[príns]

王子（おうじ）

プリンセス
princess
[prínses]

王女（おうじょ）

⑩ 乗り物・家の外

(のりもの・いえのそと)

vehicles, boats, aircraft, outside

バイスィクル
bicycle
[báisikl]

自転車（じてんしゃ）

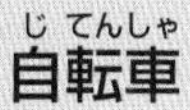

モウタァサイクル
motorcycle
[móutərsàikl]

オートバイ

カー
car
[káːr]

車（くるま）

タクスィ
taxi
[tǽksi]

タクシー

バス
bus
[bʌ́s]

バス

トゥラック
truck
[trʌ́k]

トラック

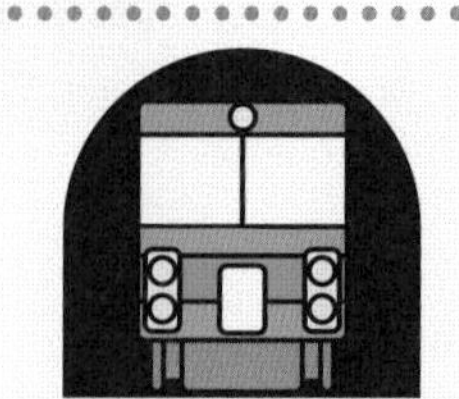

サブウェイ
subway
[sʌ́bwèi]

地下鉄(ちかてつ)

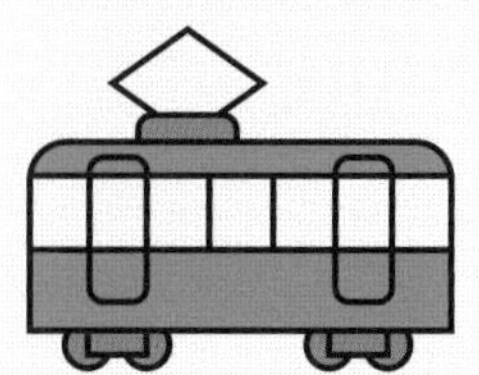

トゥレイン
train
[tréin]

電車(でんしゃ)

エアプレイン
airplane
[ɛ́ərplèin]

飛行機(ひこうき)

ポリースカー
police car
[pəlíːs kɑ̀ːr]

パトカー

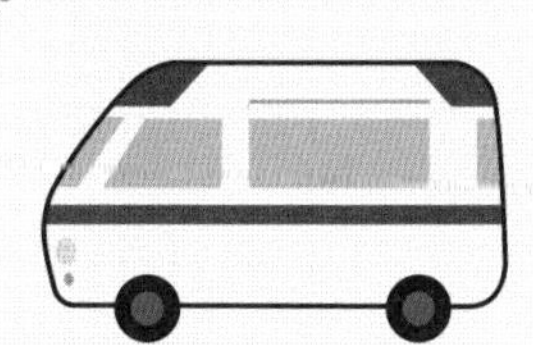

アンビュランス
ambulance
[ǽmbjuləns]

救急車(きゅうきゅうしゃ)

ファイァエンジン
fire engine
[fáiər èndʒin]

消防車(しょうぼうしゃ)

ヘリコプタァ
helicopter
[hélikɑ̀ptər]

ヘリコプター

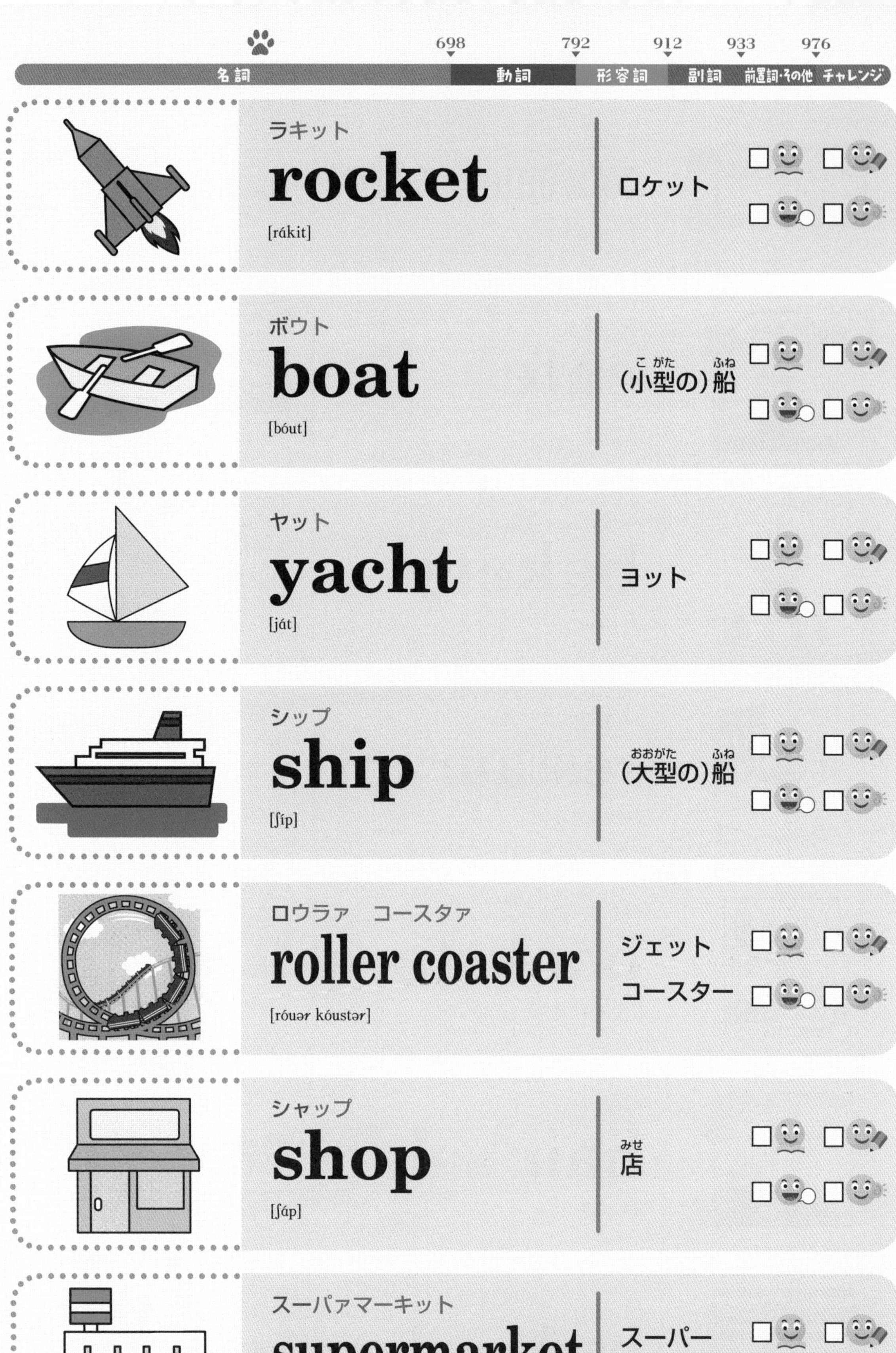

ラキット
rocket
[rákit]
ロケット

ボウト
boat
[bóut]
(小型(こがた)の)船(ふね)

ヤット
yacht
[ját]
ヨット

シップ
ship
[ʃíp]
(大型(おおがた)の)船(ふね)

ロウラァ　コースタァ
roller coaster
[róuər kóustər]
ジェットコースター

シャップ
shop
[ʃáp]
店(みせ)

スーパァマーキット
supermarket
[sú:pərmà:rkit]
スーパーマーケット

カンヴィーニエントストーァ
convenience store
[kənví:njəns stɔ̀:r]
コンビニ

キャフェイ
cafe
[kæféi]
カフェ；喫茶店（きっさてん）

ベイカリィ
bakery
[béikəri]
パン屋（や）

レストゥラント
restaurant
[réstərənt]
レストラン

ブックストーァ
bookstore
[búkstɔ̀:r]
本屋（ほんや）；書店（しょてん）

ヘアサラン
hair salon
[héər səlɑ̀n]
美容院（びよういん）

バーバァシャップ
barber shop
[bɑ́:rbər ʃɑ̀p]
理髪店（りはつてん）

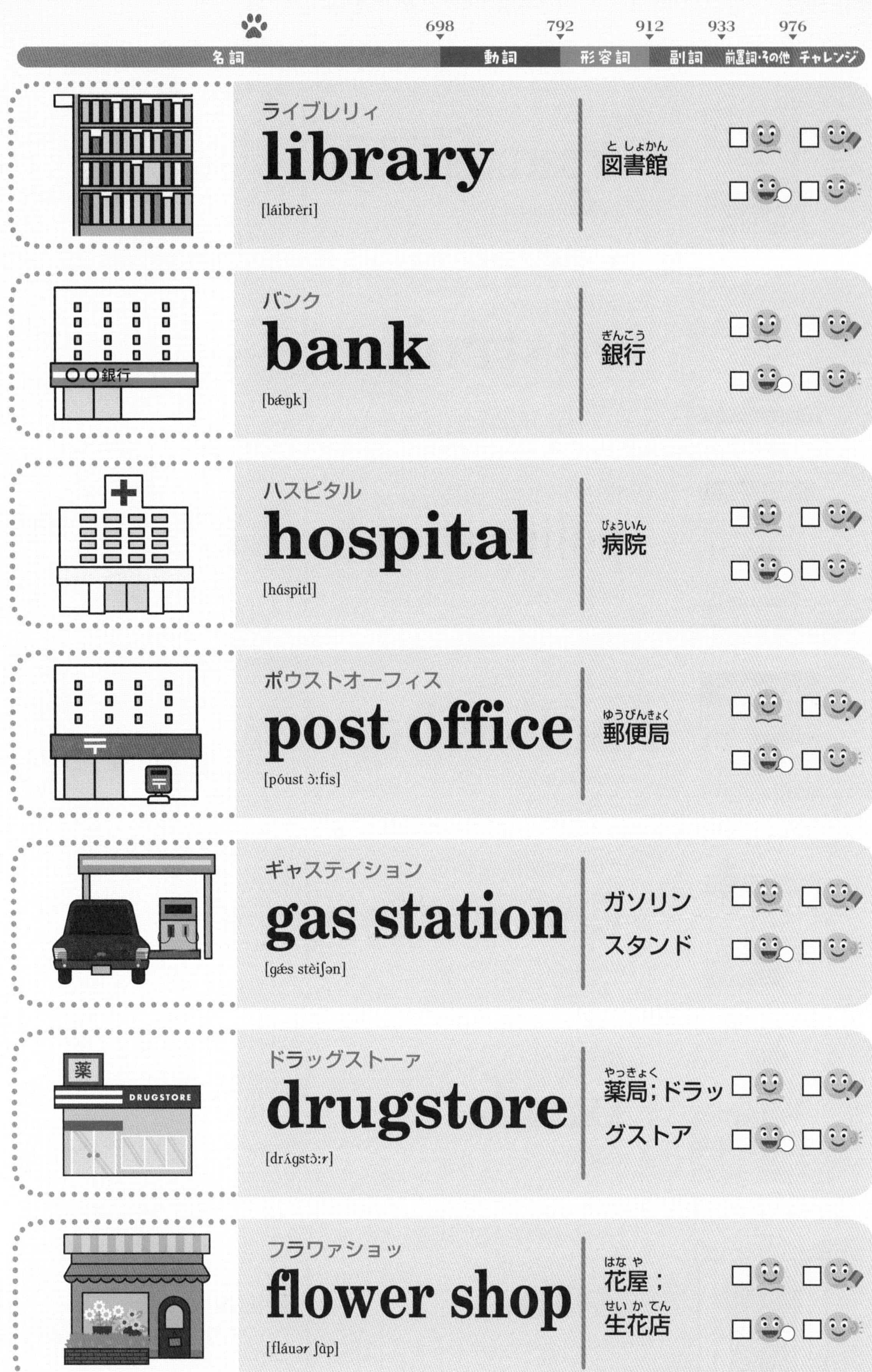

ライブレリィ
library
[láibrèri]
図書館（としょかん）

バンク
bank
[bǽŋk]
銀行（ぎんこう）

ハスピタル
hospital
[háspitl]
病院（びょういん）

ポウストオーフィス
post office
[póust ɔ̀:fis]
郵便局（ゆうびんきょく）

ギャステイション
gas station
[gǽs stèiʃən]
ガソリンスタンド

ドラッグストーァ
drugstore
[drʌ́gstɔ̀:r]
薬局（やっきょく）；ドラッグストア

フラワァショッ
flower shop
[fláuər ʃàp]
花屋（はなや）；生花店（せいかてん）

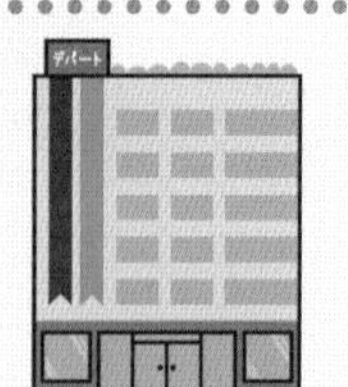

ディパートメントストーァ
department store
[dipá:rtmənt stɔ̀:r]

デパート

レスルーム
restroom
[réstrù:m]

トイレ

ポリースステイシュン
police station
[pəlí:s stèiʃən]

警察署（けいさつしょ）

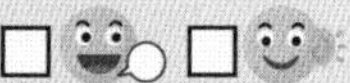

ポリースバクス
police box
[pəlí:s bàks]

交番（こうばん）

ファイヤステイシュン
fire station
[fáiər stèiʃən]

消防署（しょうぼうしょ）

パーク
park
[pá:rk]

公園（こうえん）

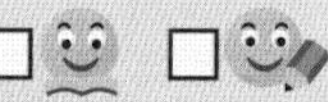

ズー
zoo
[zú:]

動物園（どうぶつえん）

ミューズィーアム
museum
[mju:zí:əm]
博物館（はくぶつかん）

アミューズメンパーク
amusement park
[əmjú:zmənt pà:rk]
遊園地（ゆうえんち）

アクウェリゥム
aquarium
[əkwɛ̀əriəm]
水族館（すいぞくかん）

ステイディアム
stadium
[stéidiəm]
スタジアム

エントゥランス
entrance
[éntrəns]
入り口（いりぐち）

ムーヴィスィアタァ
movie theater
[mú:vi θì:ətər]
映画館（えいがかん）

スィアタァ
theater
[θí:ətər]
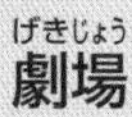
劇場（げきじょう）

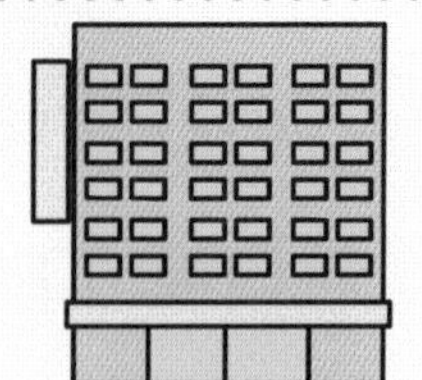

ホゥテル
hotel
[houtél]

ホテル

テンプル
temple
[témpl]

寺（てら）

シュライン
shrine
[ʃráin]

神社（じんじゃ）

チャーチ
church
[tʃə́ːrtʃ]

教会（きょうかい）

キャスル
castle
[kǽsl]

城（しろ）

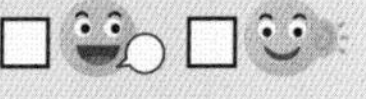

タウアァ
tower
[táuər]

塔（とう）

ファーム
farm
[fáːrm]

農場（のうじょう）

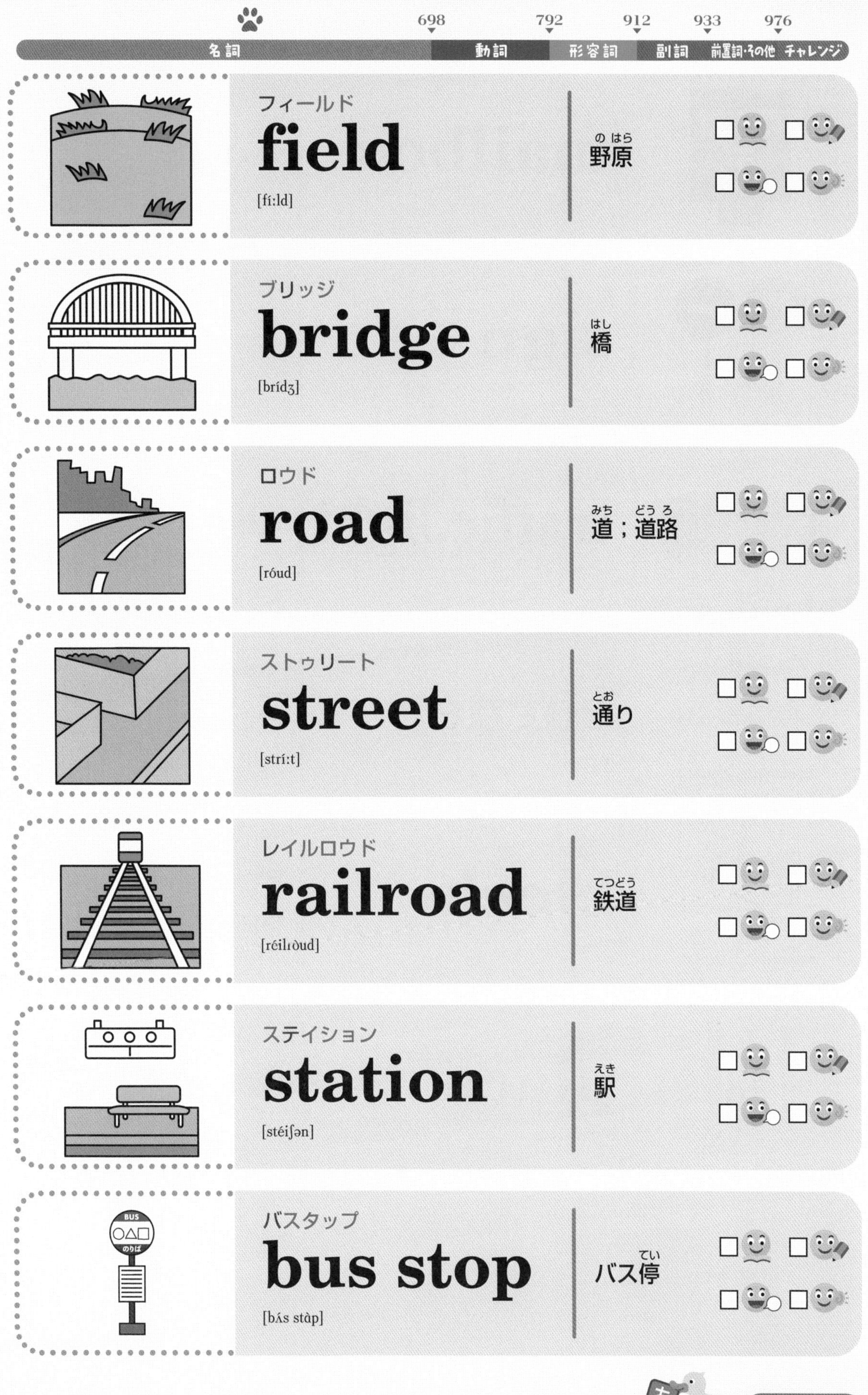

フィールド
field
[fí:ld]
野原（のはら）

ブリッジ
bridge
[brídʒ]
橋（はし）

ロウド
road
[róud]
道（みち）；道路（どうろ）

ストゥリート
street
[strí:t]
通（とお）り

レイルロウド
railroad
[réilròud]
鉄道（てつどう）

ステイション
station
[stéiʃən]
駅（えき）

バスタップ
bus stop
[bʌ́s stɑ̀p]
バス停（てい）

メイルバックス
mailbox
[méilbɑ̀ks]

ポスト

サイン
sign
[sáin]

標識（ひょうしき）

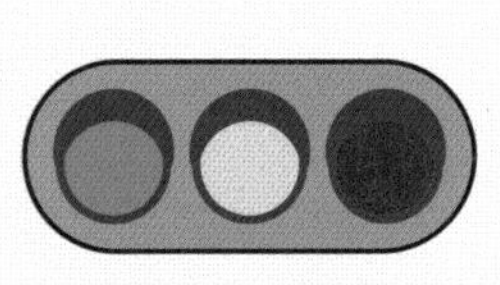

トゥラフィクライト
traffic light
[trǽfik làit]

信号（しんごう）

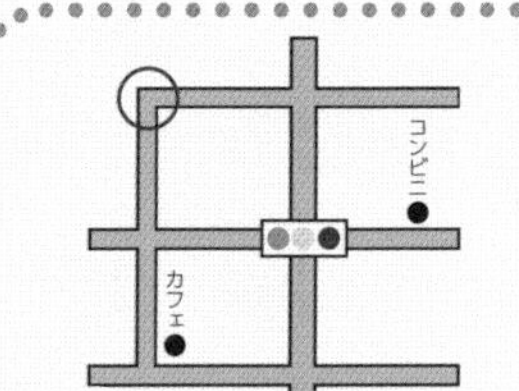

コーナァ
corner
[kɔ́:rnər]

角（かど）

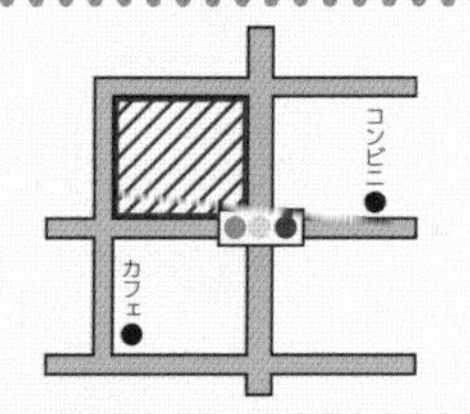

ブロック
block
[blák]

区画（くかく）；
ブロック

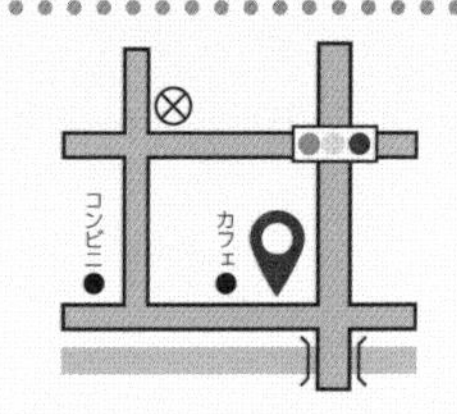

プレイス
place
[pléis]

場所（ばしょ）

⑪ 自然・植物（しぜん・しょくぶつ）

nature, plants

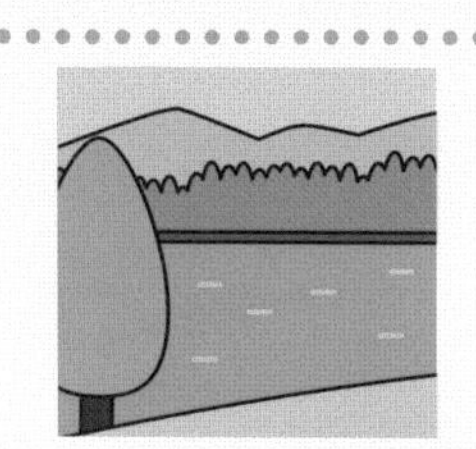

ネイチャァ

nature

[néitʃər]

自然（しぜん）

スカイ

sky

[skái]

空（そら）

ウェザァ

weather

[wéðər]

天気（てんき）

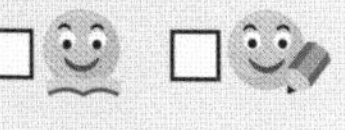

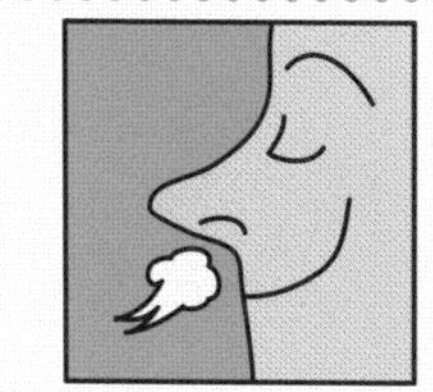

エアァ

air

[ɛ́ər]

空気（くうき）

サン

sun

[sʌ́n]

太陽（たいよう）

ムーン

moon

[mú:n]

月（つき）

スターー
star
[stá:r]

ほし
星

クラウド
cloud
[kláud]

くも
雲

レイン
rain
[réin]

あめ
雨

サンダァ
thunder
[θʌ́ndr]

かみなり
雷

ストーム
storm
[stɔ́:rm]

あらし
嵐

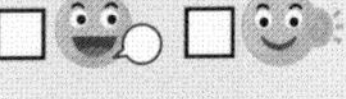

ライトニング
lightning
[láitniŋ]

いなずま
稲妻

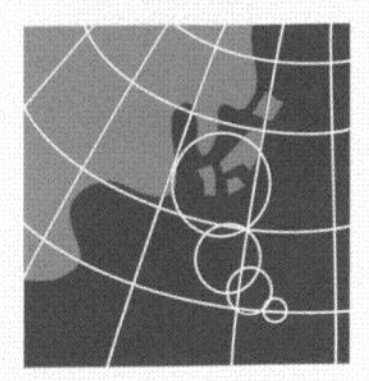

タイフーン
typhoon
[taifú:n]

たいふう
台風

レインボウ
rainbow
[réinbòu]
にじ 虹

スノウ
snow
[snóu]
ゆき 雪

ウィンド
wind
[wínd]
かぜ 風

ファイアァ
fire
[fáiər]
ひ 火

マウンテン
mountain
[máuntən]
やま 山

デザァト
desert
[dézərt]
さ 砂ばく

ラック
rock
[rák]
いわ 岩

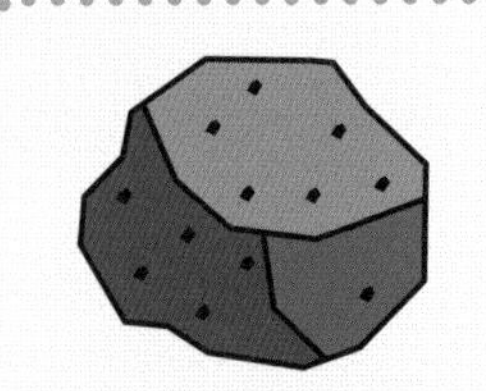

ストウン
stone
[stóun]

石（いし）

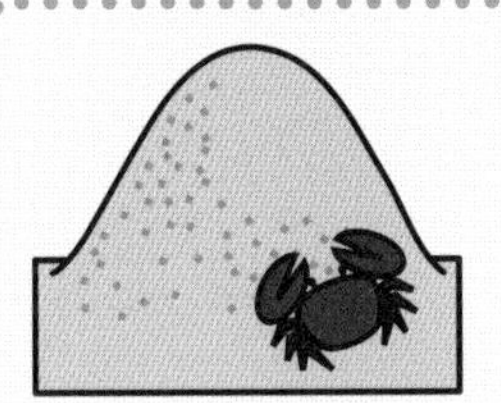

サンド
sand
[sǽnd]

砂（すな）

ウェイヴ
wave
[wéiv]

波（なみ）

リヴァ
river
[rívər]

川（かわ）

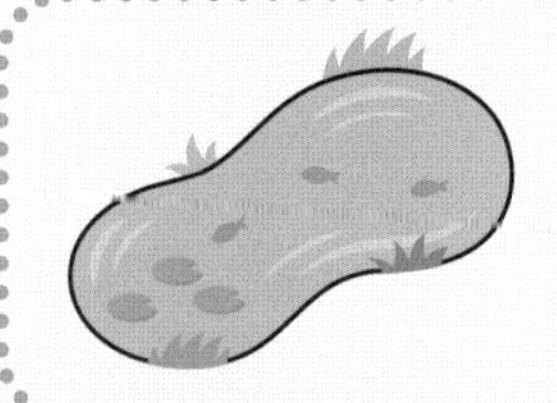

パンド
pond
[pánd]

池（いけ）

レイク
lake
[léik]

湖（みずうみ）

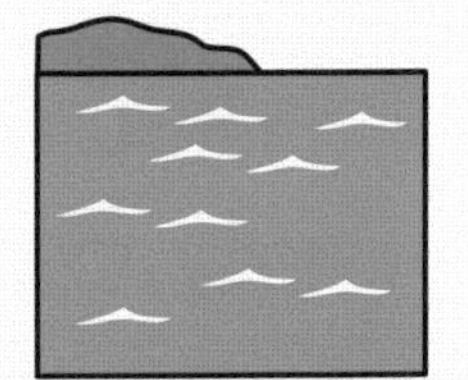

スィー
sea
[síː]

海（うみ）

フォーリスト
forest
[fɔ́:rist]
森（もり）

アースクウェイク
earthquake
[ə́:*r*θkwèik]
地震（じしん）

イースト
east
[í:st]
東（ひがし）；東側（ひがしがわ）；東部（とうぶ）

ウェスト
west
[wést]
西（にし）；西側（にしがわ）；西部（せいぶ）

サウス
south
[sáuθ]
南（みなみ）；南側（みなみがわ）；南部（なんぶ）

ノース
north
[nɔ́:*r*θ]
北（きた）；北側（きたがわ）；北部（ほくぶ）

トゥリー
tree
[trí:]
木（き）

グラス
grass
[grǽs]
くさ
草

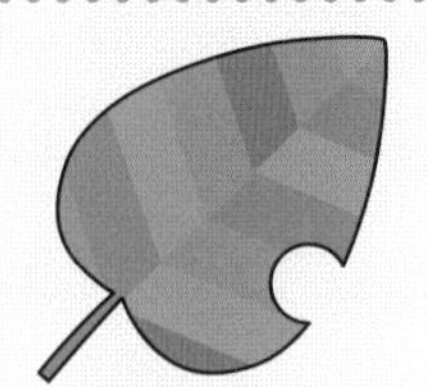

リーフ
leaf
[lí:f]
は
葉

フラウアァ
flower
[fláuər]
はな
花

テューリップ
tulip
[tjú:lip]
チューリップ

ロウズ
rose
[róuz]
バラ

チェリブラサムズ
cherry blossoms
[tʃéri blɑ̀səmz]
さくら　はな
桜の花

サンフラゥワァ
sunflower
[sʌ́nflàuər]
ひまわり

⑫ 月(つき)の名前(なまえ)と季節(きせつ)・時間(じかん)・曜日(ようび)
months, seasons, time, days of the week

イヤァ
year
[jíər]
年(とし)

マンス
month
[mʌ́nθ]
(暦(こよみ)の)月(つき)

スィーズン
season
[síːzn]
季節(きせつ)

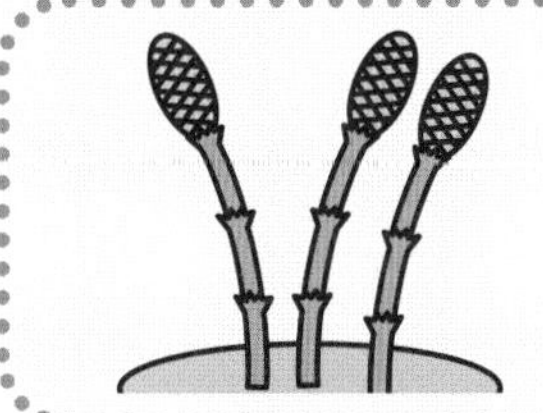

スプリング
spring
[spríŋ]
春(はる)

サマァ
summer
[sʌ́mər]
夏(なつ)

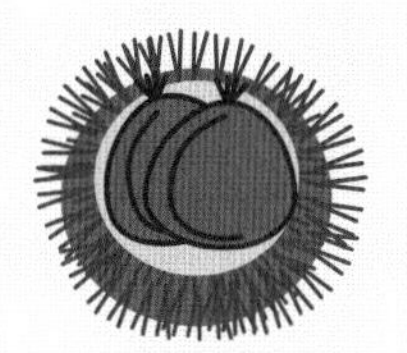

オータム
autumn
[ɔ́ːtəm]
秋(あき)

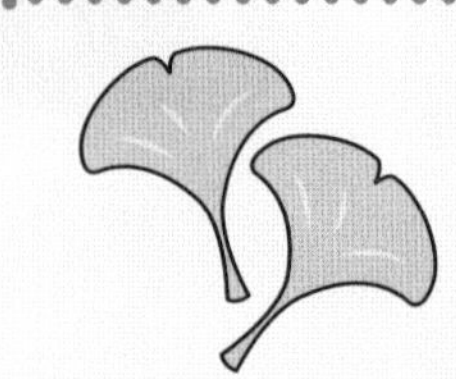

フォール
fall
[fɔ́:l]

あき
秋

ウィンタァ
winter
[wíntər]

ふゆ
冬

キャレンダァ
calendar
[kǽləndər]

カレンダー

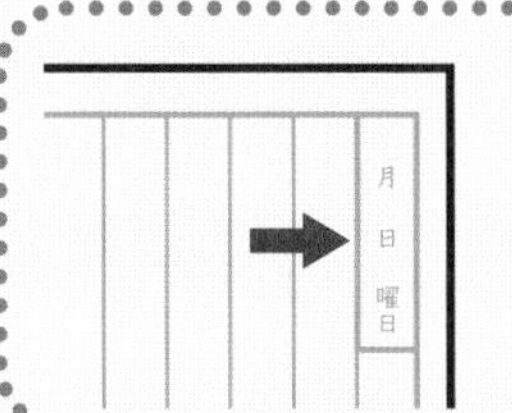

デイト
date
[déit]

ひ づけ
日付

ジャニュアリィ
January
[dʒǽnjuèri]

がつ
1月

フェブラリィ
February
[fébruèri]

2月

マーチ
March
[má:rtʃ]

3月

エイプリル
April
[éiprəl]
4月（がつ）

メイ
May
[mei]
5月

ジューン
June
[dʒúːn]
6月

ジューライ
July
[dʒuːlái]
7月

オーガスト
August
[ɔ́ːgəst]
8月

セプテンバァ
September
[septémbə*r*]
9月

オクトウバァ
October
[ɑktóubə*r*]
10月

ノヴェンバァ
November
[nouvémbər]

11月

ディッセンバァ
December
[disémbər]

12月

モーニング
morning
[mɔ́:rniŋ]

ごぜん
午前

ヌーン
noon
[nú:n]

しょうご
正午

アフタヌーン
afternoon
[æftərnú:n]

ごご
午後

イーヴニング
evening
[í:vniŋ]

ゆうがた
夕方

ナイト
night
[náit]

よる
夜

秒 時 分 日 年 世紀
タイム
time
[táim]
とき
時
2001年
2002年
2100年
センチュリー
century
[séntʃəri]
せいき
(1) 世紀
日月火水木金土
ウィーク
week
[wí:k]
しゅう
週
デイ
day
[déi]
ひ
日
アウアァ
hour
[áuər]
じかん
1 時間；
じかん たい
時間（帯）
ミニット
minute
[mínit]
ふん
分
10:45 26
5/6 tue|24°C|40%
セカンド
second
[sékənd]
びょう じかん
秒 [時間]
あ

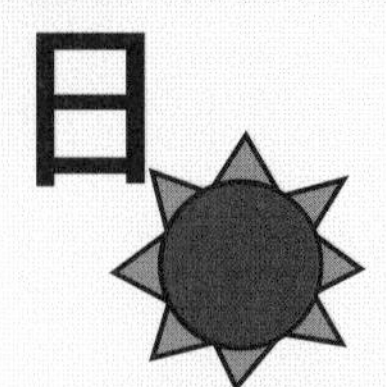

サンデイ
Sunday
[sʌ́ndei]

にちようび
日曜日

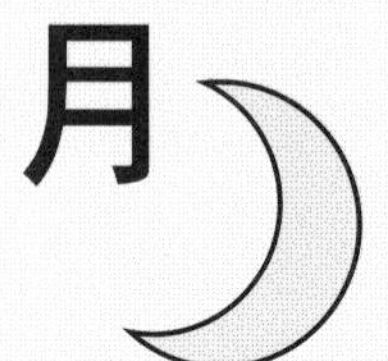

マンデイ
Monday
[mʌ́ndei]

げつ
月曜日

テューズデイ
Tuesday
[tjú:zdei]

か
火曜日

ウェンズデイ
Wednesday
[wénzdei]

すい
水曜日

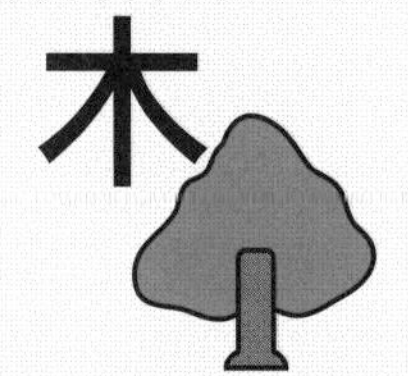

サーズデイ
Thursday
[θə́:rzdei]

もく
木曜日

フライデイ
Friday
[fráidei]

きん
金曜日

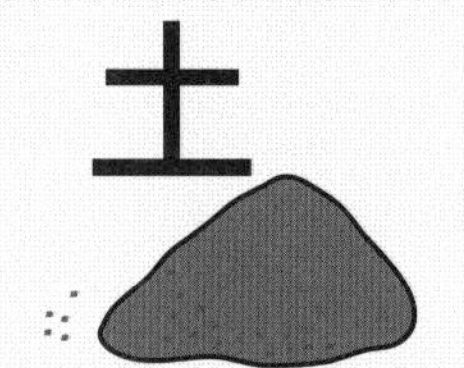

サタデイ
Saturday
[sǽtərdèi]

ど
土曜日

⑬ 身につけるもの・持ちもの
clothes, belongings

クロウズ
clothes
[klóuz]

衣服（いふく）

ティーシャート
T-shirt
[tíː-ʃəːrt]

Tシャツ

ショーツ
shorts
[ʃɔ́ːrts]

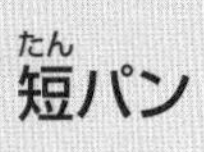
短（たん）パン

ジーンズ
jeans
[dʒíːnz]

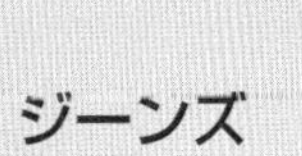
ジーンズ

パンツ
pants
[pǽnts]

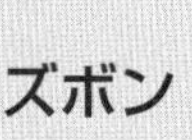
ズボン

ヴェスト
vest
[vést]

ベスト

ハット
hat
[hǽt]
（ふちのある）帽子(ぼうし)

キャップ
cap
[kǽp]
（ふちのない）帽子(ぼうし)

グラスィズ
glasses
[glǽsiz]
めがね

コウト
coat
[kóut]
コート

スート
suit
[súːt]
スーツ

ジャキット
jacket
[dʒǽkit]
ジャケット

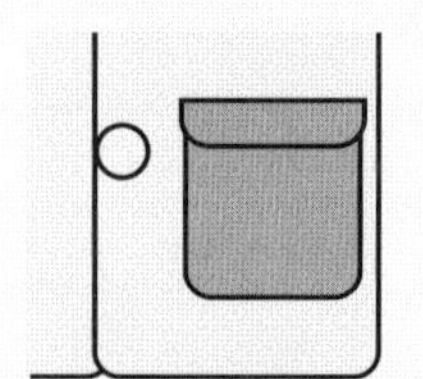

パキット
pocket
[pákit]
ポケット

グラヴズ
gloves
[glʌ́vz]
手袋（てぶくろ）

ワッチ
watch
[wátʃ]
腕時計（うでどけい）

リング
ring
[ríŋ]
指輪（ゆびわ）

ユーニフォーム
uniform
[jú:nəfɔ̀:rm]
制服（せいふく）

スウェタァ
sweater
[swétər]
セーター

シャァト
shirt
[ʃə́:rt]
シャツ

ドレス
dress
[drés]
ドレス

スカート
skirt
[skə́ːrt]

スカート

アンダウェア
underwear
[ʌ́ndərwèr]

肌着(はだぎ)；下着(したぎ)

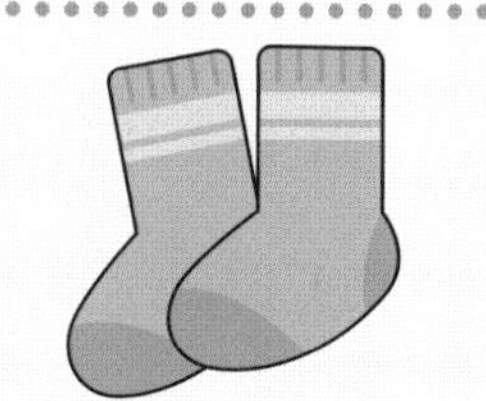

サックス
socks
[sɑ́ks]

くつした

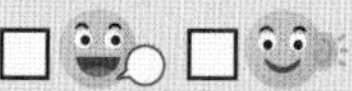

ハンカチフ
handkerchief
[hǽŋkərtʃif]

ハンカチ

スカーフ
scarf
[skɑ́ːrf]

マフラー

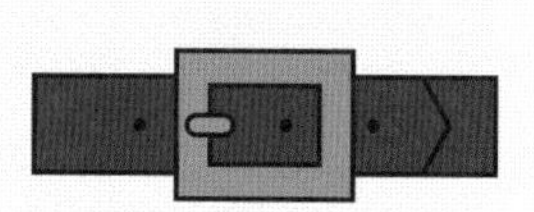

ベルト
belt
[bélt]

ベルト

シューズ
shoes
[ʃúːz]

くつ

スニーカァズ
sneakers
[sní:kərz]
スニーカー

レインコウト
raincoat
[réinkòut]
レインコート；かっぱ

ブーツ
boots
[bú:ts]
ブーツ

レインブーツ
rain boots
[réin bù:ts]
長ぐつ

バグ
bag
[bǽg]
かばん

バックパック
backpack
[bǽkpæ̀k]
バックパック；リュックサック

リュックサックのつづりは rucksack ラックサック [rʌ́ksæ̀k] だよ。

スマーフォウン
smartphone
[smá:rtfòun]
スマートフォン

アンブレラ
umbrella
[ʌmbrélə]

傘（かさ）

サイズ
size
[sáiz]

サイズ

便利（べんり）な英会話（えいかいわ）フレーズ 1

ここでは、英語（えいご）でのあいさつや、ちょっとした会話（かいわ）にチャレンジしてみましょう。場面（ばめん）を想像（そうぞう）しながら読（よ）んだり、音声（おんせい）を聴（き）いて、聴（き）こえた音（おと）をまねして言（い）ったりして、何度（なんど）も練習（れんしゅう）してみましょう。

● 1日（にち）のあいさつ

こんにちは。	Hello. / Hi.
おはようございます。	Good morning.
こんにちは。	Good afternoon.
こんばんは。	Good evening.
おやすみなさい。	Good night.

● 出会（であ）ったときの決（き）まり文句（もんく）

お元気（げんき）ですか？	How are you?
私（わたし）は元気です。	I'm fine.
私はとても元気です！	I'm great!

⑭ 趣味(しゅみ)・遊(あそ)び

hobbies, play

ハビ
hobby
[hábi]

趣味(しゅみ)

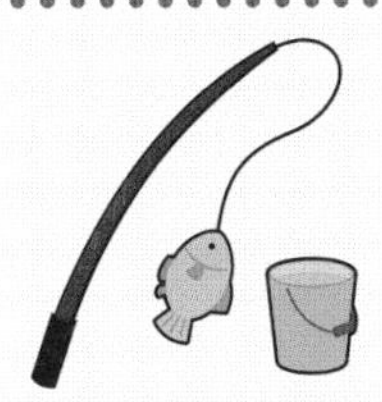

フィッシン
fishing
[fíʃiŋ]

魚釣(さかなつ)り

ハイキン
hiking
[háikiŋ]

ハイキング

ジョギン
jogging
[dʒágiŋ]

ジョギング

サイクリン
cycling
[sáikliŋ]

サイクリング

キャンピン
camping
[kǽmpiŋ]

キャンプ

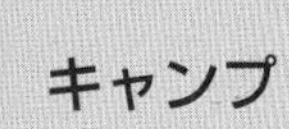

ピクニック
picnic
[píknik]

ピクニック

カード
card
[ká:rd]

トランプのカード

ダイス
dice
[dáis]

サイコロ

カミック
comic
[kámik]

漫画（まんが）

マガズィーン
magazine
[mægəzí:n]

雑誌（ざっし）

エニメイション
animation
[ænəméiʃən]

アニメ

カード
card
[ká:rd]

カード（誕生日（たんじょうび）カードなど）

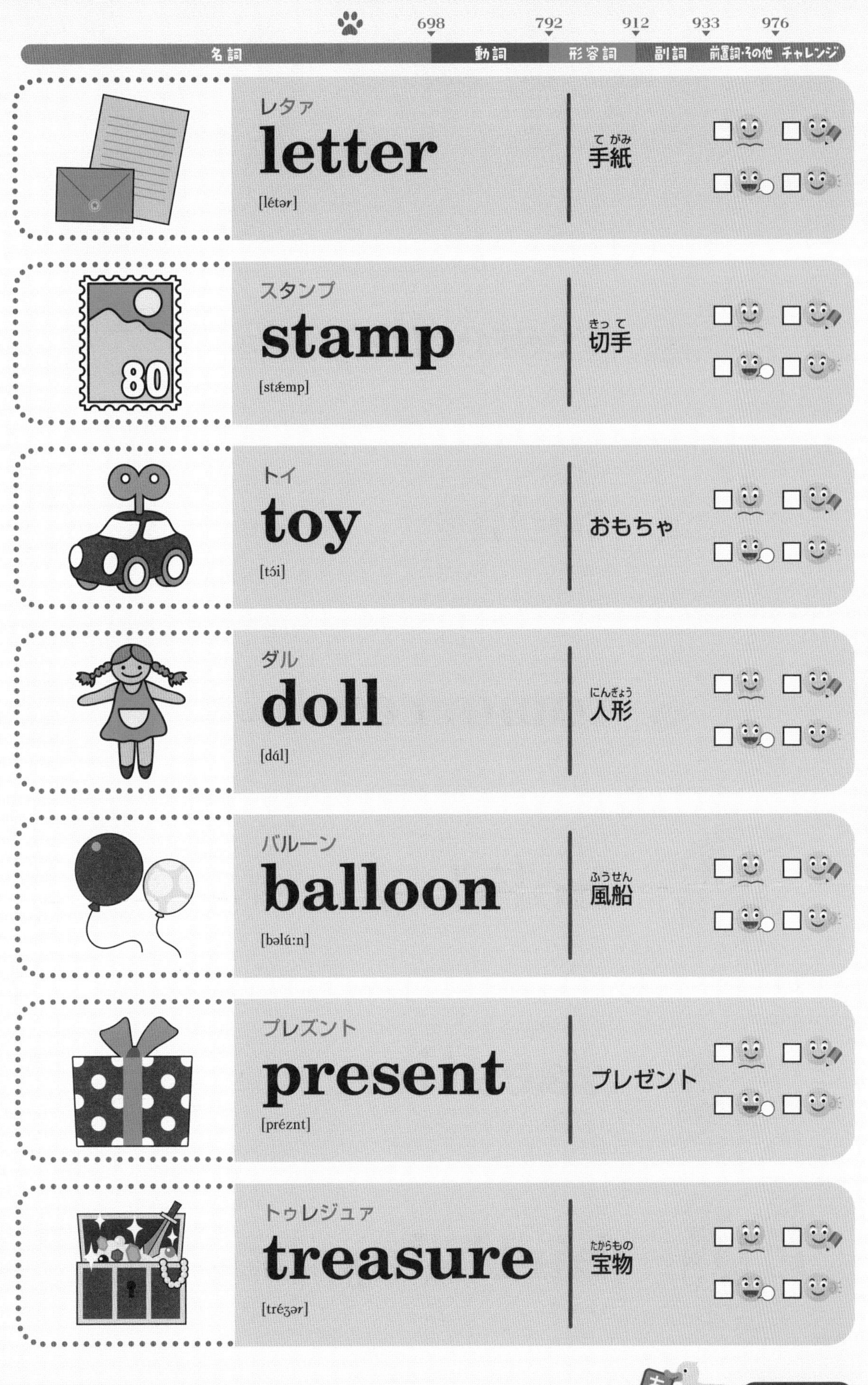

レタァ
letter
[létər]
手紙（てがみ）

スタンプ
stamp
[stǽmp]
切手（きって）

トイ
toy
[tɔ́i]
おもちゃ

ダル
doll
[dɑ́l]
人形（にんぎょう）

バルーン
balloon
[bəlúːn]
風船（ふうせん）

プレズント
present
[préznt]
プレゼント

トゥレジュア
treasure
[tréʒər]
宝物（たからもの）

⑮ 日々(ひび)のあれこれ
daily this and that

イエスタデイ

yesterday

[jéstərdèi]

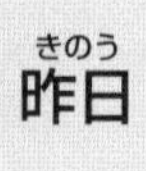

昨日(きのう)

トゥデイ

today

[tədéi]

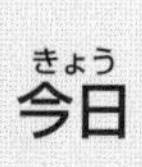

今日(きょう)

トゥモーロウ

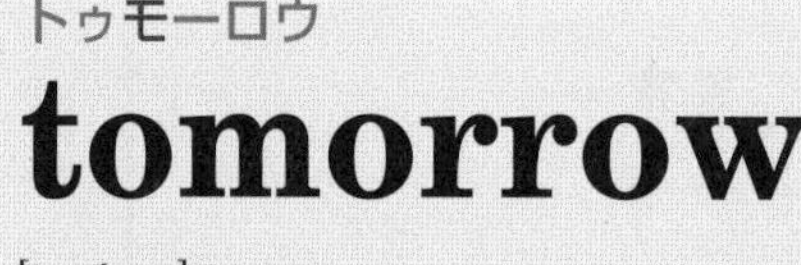

tomorrow

[təmɔ́:rou]

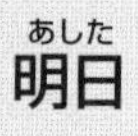

明日(あした)

ハリデイ

holiday

[hálədèi]

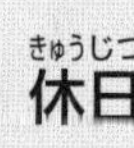

休日(きゅうじつ)

ヴェイケイション

vacation

[veikéiʃən]

休暇(きゅうか)

バースデイ

birthday

[bə́:rθdèi]

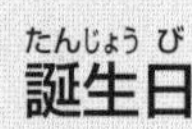

誕生日(たんじょうび)

カラァ
color
[kʌ́lər]
色（いろ）

パーティ
party
[pá:rti]
パーティー

ドリーム
dream
[drí:m]
夢（ゆめ）

マシーン
machine
[məʃí:n]
機械（きかい）

カンサート
concert
[kánsə:rt]
コンサート

スィート
seat
[sí:t]
席（せき）

ムーヴィ
movie
[mú:vi]
映画（えいが）

アドヴェンチャァ
adventure
[ædvéntʃər]

冒険（ぼうけん）

ラヴ
love
[lʌ́v]

愛（あい）

スマイル
smile
[smáil]

ほほ笑（え）み；ほほ笑む［動］

ピース
peace
[píːs]

平和（へいわ）

ウォー
war
[wɔ́ːr]

戦争（せんそう）

ライフ
life
[láif]

人生（じんせい）；生活（せいかつ）；命（いのち）

フェスティヴァル
festival
[féstəvəl]

祭（まつ）り

⑯ 旅（たび）・世界（せかい）

travel, world

064

トラヴェル

travel

[trǽvəl]

旅行（りょこう）

マップ

map

[mǽp]

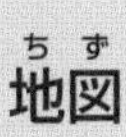

地図（ちず）

ティキット

ticket

[tíkit]

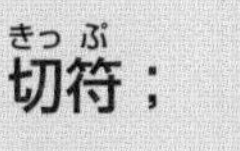

切符（きっぷ）；

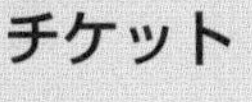

チケット

マニィ

money

[mʌ́ni]

お金（かね）

コイン

coin

[kɔ́in]

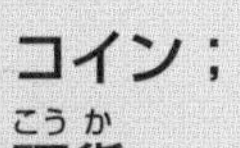

コイン；

硬貨（こうか）

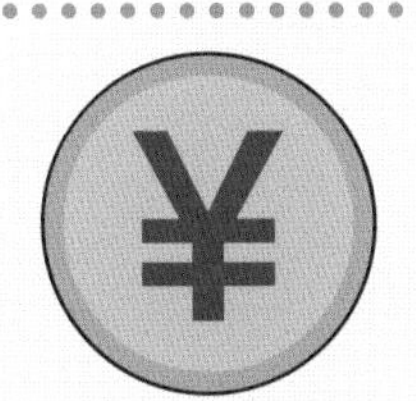

イエン

yen

[jén]

円（えん）
[日本（にほん）のお金（かね）]

ダラァ
dollar
[dálər]

ドル
[アメリカのお金(かね)]

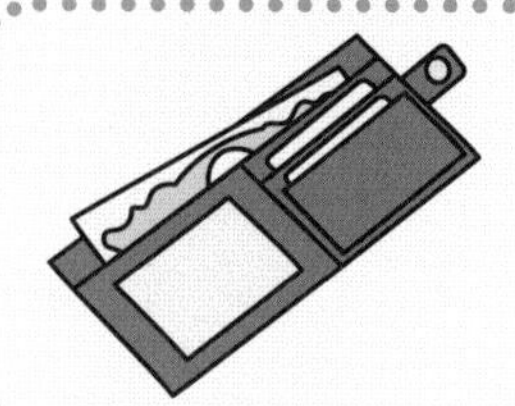

ワリット
wallet
[wálit]

財布(さいふ)

キャメラ
camera
[kǽmərə]

カメラ

ピクチャァ
picture
[píktʃər]

写真(しゃしん)；絵(え)

アルバム
album
[ǽlbəm]

アルバム

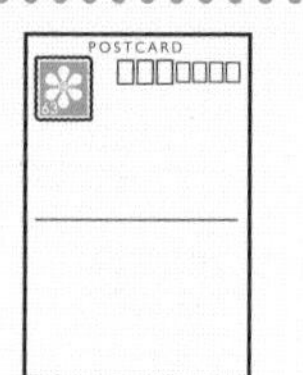

ポウストカード
postcard
[póustkà:rd]

ポストカード；絵(え)はがき

メモリィ
memory
[méməri]

思(おも)い出(で)

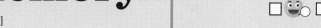

パスポート
passport
[pǽspɔːrt]
パスポート

エアポート
airport
[ɛ́ərpɔ̀ːrt]
空港（くうこう）

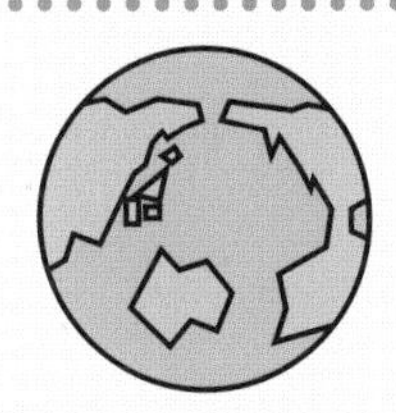
アース
earth
[ə́ːrθ]
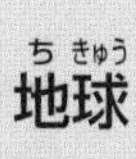
地球（ちきゅう）

ふつうは earth の前（まえ）に the がつくよ。

ワールド
world
[wə́ːrld]
世界（せかい）

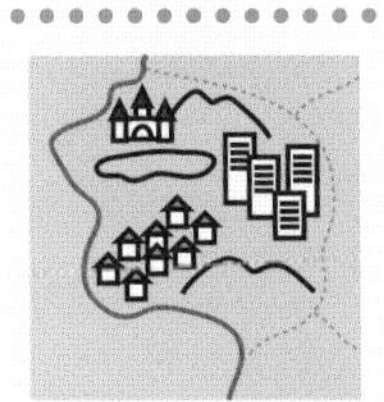
カントリィ
country
[kʌ́ntri]
国（くに）

スィティ
city
[síti]
都市（とし）

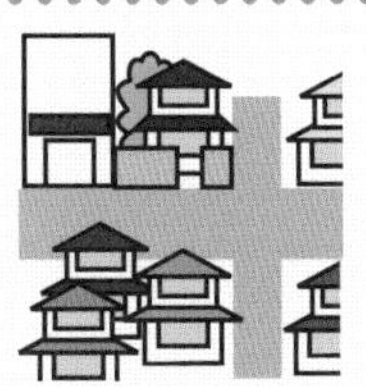
タウン
town
[táun]

町（まち）

ヴィリッジ
village
[vílidʒ]

むら
村

アイランド
island
[áilənd]

しま
島

ビーチ
beach
[bíːtʃ]

すなはま
砂浜

カルチァ
culture
[kʌ́ltʃə*r*]

ぶんか
文化

便利な英会話フレーズ 2

初めて会った人とするあいさつや、かんたんな質問とその受けこたえなどにチャレンジしてみましょう。場面を想像しながら読んだり、音声を聴いて、聴こえた音をまねして言ったりして、何度も練習してみましょう。

● 初対面 ～名前をたずねる～

あなたの名前は？	What's your name?
私の名前はアキです。	My name is Aki.
私の名前はタクです。	I'm Taku.
お会いできてうれしいです。	Nice to meet you.
こちらこそ、お会いできてうれしいです。	Nice to meet you too.

● 初対面 ～名前のつづりをたずねる～

あなたの名前はどうつづるのですか？	How do you spell your name?
M-I-K-E、マイクです。	M-I-K-E, Mike.

● 初対面 ～どこから来たのか、たずねる～

どこから来たの？	Where are you from?
日本から来ました。	I'm from Japan.

● 初対面～年齢や誕生日をたずねる～

あなたは何歳ですか？	How old are you?
私は 12 歳です。	I'm twelve.
あなたの誕生日はいつですか？	When is your birthday?
私の誕生日は5月6日です。	My birthday is May 6th.

人称代名詞について

日本語の「それ」や「あれ」に当たることばのことを、「代名詞」といいます。私（I）やあなた（you）、彼・彼女（he・she）などの、人物を指し示す代名詞は「人称代名詞」といいます。

この人称代名詞は、使われかたによって形が変化します。まだ覚えなくてもいいですが、下の表をザーッと見てみてください。そして、次のページから始まる「第２章」で出てくる例文を読んだりするときなどに、ときどきこのページにもどってきて確認すると、頭の中を整理できて覚えやすくなります。

●人称代名詞

	主格（～は） 主語＊になるときの形	所有格（～の） 名詞の前に置かれる 例：**my pen**（私のペン）	目的格（～を・～に・～が） 動詞の後にくっつく 例：**I like him.**（私は彼が好き）
私	**I** [ái]	**my** [mái]	**me** [míː]
あなた（たち）	**you** [júː]	**your** [júər]	**you** [júː]
彼	**he** [híː]	**his** [híz]	**him** [hím]
彼女	**she** [ʃíː]	**her** [həːr]	**her** [həːr]
私たち	**we** [wíː]	**our** [áuər]	**us** [ʌ́s]
彼ら；彼女たち	**they** [ðéi]	**their** [ðéər]	**them** [ðəm]

※「主語」は、「～は」にあたることば。文の中で、動作や状態のもとになっていることばで、文の先頭に置かれます。

※人の名前や名詞を使って、「○○さんの・○○くんの」としたいときは、名前の後ろにアポストロフィー「'」とｓをつけて表現します。

例 山田さんの→ **Yamada's**（ヤマダズ）／父の→ **father's**（ファーザーズ）／トムの→ **Tom's**（トムズ）

第2章

動詞

動詞とは、「ものの動きや状態を表すことば」です。

動詞には、「～である」といった意味を表す「be 動詞」と、「話す」「書く」などといった具体的な動作や状態を表す「一般動詞」とがあります。

例文もいっしょに音読練習してみましょう。

アム
am
[ǽm]

～である

過去形 **was** ワズ [wʌ́z] ～だった

I am a boy. 私は男の子です。

I am a girl. 私は女の子です。

I am a student. 私は生徒です。

ミニレッスン
am や are のようなタイプの動詞は、「～である」という意味で使うよ。このタイプの動詞を「be 動詞」っていうんだけど、これら be 動詞は、主語に合わせて形が変わるんだ。たとえば、I（私は）という主語のときには am という形になるよ。

アー
are
[ɑ́:r]

～である

過去形 **were** ワー [wə́:r] ～だった

You are a boy. あなたは男の子です。

You are a girl. あなたは女の子です。

You are a student. あなたは生徒です。

ミニレッスン
you という主語の後ろでは、「～である」という意味の be 動詞は、are を使うよ。you には「あなたは」という意味と「あなたたちは」という 2 つの意味があることに注意しよう。

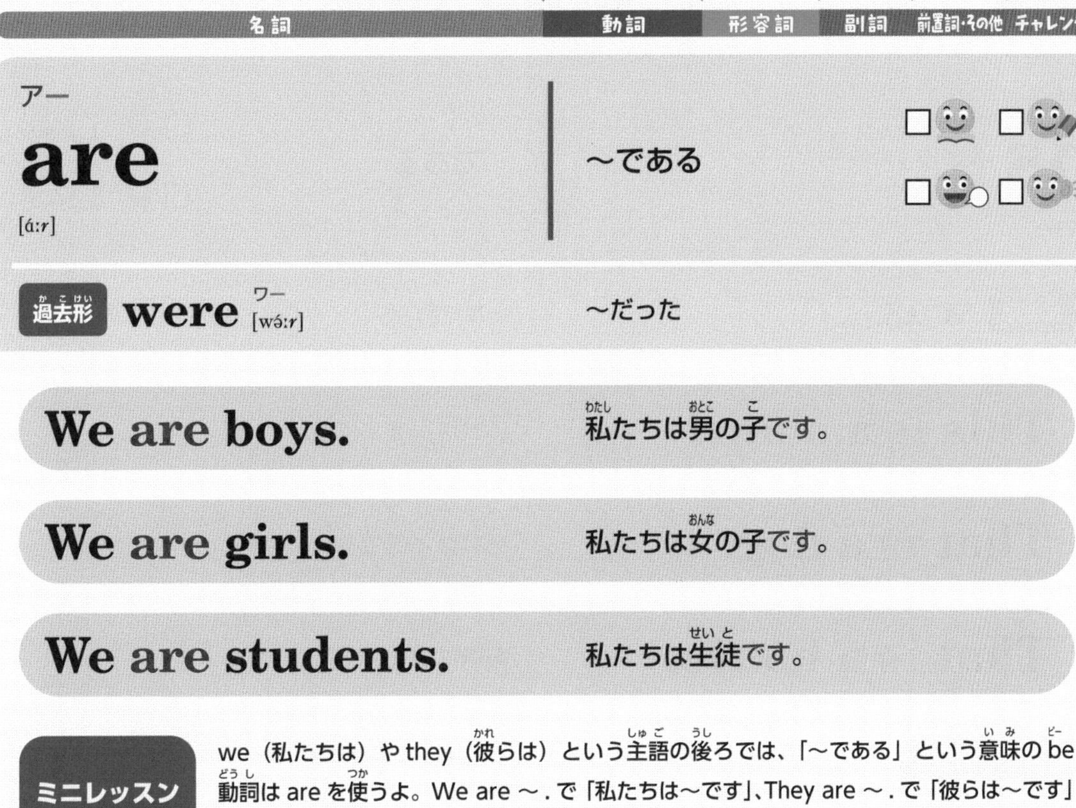

アー
are
[áːr]

～である

過去形 **were** ワー [wə́ːr] ～だった

We are boys. 私たちは男の子です。

We are girls. 私たちは女の子です。

We are students. 私たちは生徒です。

ミニレッスン we（私たちは）や they（彼らは）という主語の後ろでは、「～である」という意味の be 動詞は are を使うよ。We are ～. で「私たちは～です」、They are ～. で「彼らは～です」という意味を表すよ。

イズ
is
[iz]

～である

過去形 **was** ワズ [wʌ́z] ～だった

He is a boy. 彼は男の子です。

She is a girl. 彼女は女の子です。

He is a student. 彼は生徒です。

ミニレッスン he（彼は）や she（彼女は）という主語の後ろでは、「～である」という意味の be 動詞は is を使うよ。He is ～. で「彼は～です」、She is ～. で「彼女は～です」という意味になるよ。

イズ
is
[iz]

～である

過去形 **was** ワズ [wʌ́z] ～だった

This is a chair. これはいすです。

That is a dog. あれはイヌです。

That is a house. あれは家です。

ミニレッスン
this（これは）や that（あれは）や it（それは）という主語の後ろでは、「～である」という意味の be 動詞は is が使われるよ。This is ～. で「これは～です」、That is ～. で「あれは～です」、It is ～. で「それは～です」という意味になるよ。

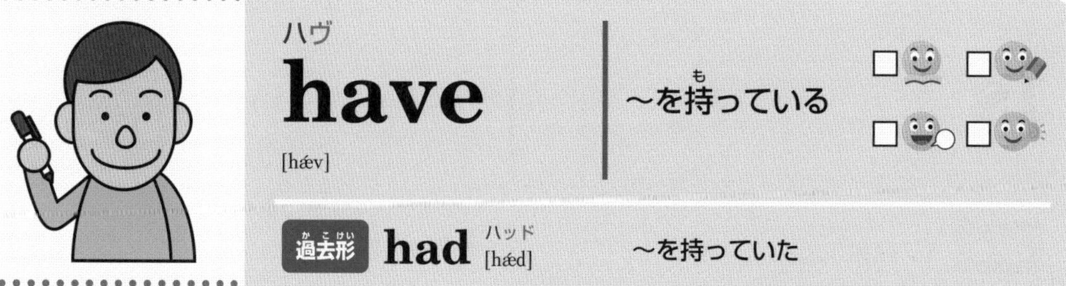

ハヴ
have
[hǽv]

～を持っている

過去形 **had** ハッド [hǽd] ～を持っていた

I have a pen. 私はペンを持っています。

I have a rabbit. 私はウサギを飼っています。

He has a cup. 彼はカップを持っています。

ミニレッスン
have は「～を持っている」という意味の動詞で、その後ろには、持っている物を表す名詞が置かれるよ。he（彼は）や she（彼女は）や it（それは）などの主語の後ろでは、形が変わって has になることにも注意しようね。

ライク

like
[láik]

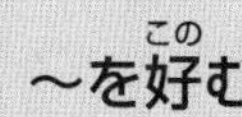
～を好む

過去形 **liked** ライクト [láikt] ～を好んだ

I like bananas. 私はバナナが好きです。

I like dogs. 私はイヌが好きです。

He likes music. 彼は音楽が好きです。

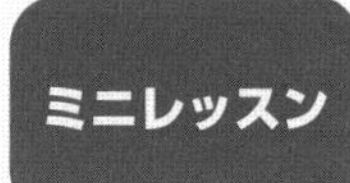
ミニレッスン

like は「～を好む」という意味の動詞だよ。たとえば自己紹介で好きな物を発表するときなど、この動詞を使って I like ～.（私は～が好きです）って言ってみよう。he(彼は) や she（彼女は）などが主語の場合、like の最後に s を付けて likes とするよ。

リヴ
live
[lív]

住んでいる

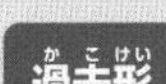
過去形 **lived** リヴド [lívd] 住んでいた

I live in Tokyo. 私は東京に住んでいます。

I live in London. 私はロンドンに住んでいます。

She lives in Paris. 彼女はパリに住んでいます。

ミニレッスン

live は「住んでいる」という意味の動詞だよ。これも自己紹介のときに使えるね。後ろに前置詞の in を付けて、I live in ～.（私は～に住んでいる）って言ってみよう。he や she などが主語の場合、live の最後に s を付けて lives とするよ。

プレイ

play

[pléi]

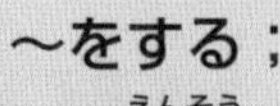

〜をする；
〜を演奏する

過去形 **played** プレイド [pléid] 〜をした；〜を演奏した

You play tennis. あなたはテニスをします。

You play soccer. あなたはサッカーをします。

She plays the piano. 彼女はピアノを演奏します。

play は、スポーツなどを「する」という場合や、楽器などを「演奏する」という場合に使う動詞だよ。君のしているスポーツや演奏する楽器について、発表してみよう。he（彼は）や she（彼女は）などが主語の場合、play の最後に s を付けて plays とするよ。

スピーク

speak

[spí:k]

〜を話す

過去形 **spoke** スポウク [spóuk] 〜を話した

You speak English. あなたは英語を話します。

He speaks Spanish. 彼はスペイン語を話します。

He speaks Korean. 彼は韓国語を話します。

speak は「〜を話す」という意味の動詞だよ。後ろに Japanese（日本語）や English（英語）など言語の名前を付けると、「〜を話します」という意味の文を作ることができるよ。he や she などが主語の場合、speak の最後に s を付けて speaks とするよ。

バイ
buy
[bái]
～を買う

過去形 **bought** ボート [bɔ́:t] ～を買った

I buy a necklace. 私はネックレスを買います。

ワッシュ
wash
[wáʃ]
～を洗う

過去形 **washed** ワッシュト [wáʃt] ～を洗った

I wash my father's car. 私は父の車を洗います。

リーヴ
leave
[lí:v]
～を去る；出発する

過去形 **left** レフト [léft] ～を去った；出発した

I leave at five. 私は５時に出発します。

ブリング
bring
[bríŋ]
～を持ってくる；～を連れてくる；～を連れていく

過去形 **brought** ブロート [brɔ́:t] ～を持ってきた；～を連れてきた；～を連れていった

I bring my cat to her house. 私は私のネコを彼女の家に連れていきます。

□ **I** アイ [ái] 私は	□ **necklace** ネックリス [néklis] ネックレス	□ **father's** ファーザァズ [fá:ðərz] 父の
□ **car** カー [ká:r] 車	□ **at five** アト ファイヴ [ət fáiv] ５時に	□ **my** マイ [mái] 私の
□ **cat** キャット [kǽt] ネコ	□ **her** ハー [hə́:r] 彼女の	□ **house** ハウス [háus] 家

アスク
ask
[ǽsk]

～をたずねる

過去形 **asked** アスクト [ǽskt] ～をたずねた

I ask him a question. 私は彼に質問します。

ギヴ
give
[gív]

～を与える

□ □ □ □

過去形 **gave** ゲイヴ [géiv] ～を与えた

I give her some flowers. 私は彼女に何本か花をあげます。

ウォーク
walk
[wɔ́:k]

歩く

□ □ □ □

過去形 **walked** ウォークト [wɔ́:kt] 歩いた

I walk to the park. 私は公園へ歩きます。

プット
put
[pút]

～を置く

□ □ □ □

過去形 **put** プット [pút] ～を置いた

I put my book on the desk. 私は机の上に自分の本を置きます。

□ **I** アイ [ái] 私は	□ **him** ヒム [hím] 彼に	□ **question** クエスチョン [kwéstʃən] 質問
□ **her** ハー [hɔ́:r] 彼女の	□ **some** サム [sʌ́m] いくつかの	□ **flower** フラウアァ [fláuər] 花
□ **park** パーク [pá:rk] 公園	□ **my** マイ [mái] 私の	□ **book** ブック [búk] 本
□ **desk** デスク [désk] 机		

トーク
talk [tɔ́:k]
話す

過去形 **talked** トークト [tɔ́:kt] 話した

I talk loudly. 私は大声で話します。

ライト
write [ráit]
～を書く

過去形 **wrote** ロウト [róut] ～を書いた

I write a letter to my grandfather. 私はおじいちゃんに手紙を書きます。

スタート
start [stá:rt]
始まる；
～を始める

過去形 **started** スターティッド [stá:rtid] 始まった；～を始めた

I start my homework at four. 私は４時に宿題を始めます。

テイク
take [téik]
～を手にとる；
～を持っていく；
～を連れていく

過去形 **took** トゥック [túk] ～を手にとった；～を持っていった；～を連れていった

I take him to the zoo. 私は彼を動物園に連れていきます。

□ **I** アイ [ái] 私は	□ **loudly** ラウドリィ [láudli] 大声で	□ **letter** レタァ [létər] 手紙
□ **my** マイ [mái] 私の	□ **grandfather** グラン(ド)ファーザァ [grǽndfà:ðər] 祖父	□ **homework** ホウムワーク [hóumwə̀:rk] 宿題
□ **at four** アト ファイヴ [ət fɔ́:r] 4時に	□ **him** ヒム [hím] 彼を	□ **zoo** ズー [zú:] 動物園

ラン
run
[rʌ́n]

はし
走る

過去形 **ran** ラン [rǽn] 走った

I run to the station. 私は駅へと走ります。

ゲット
get
[gét]

～を手に入れる

過去形 **got** ガット [gát] ～を手に入れた

I get a nice pen at the store. 私はお店ですてきなペンを買います。

スリープ
sleep
[slíːp]

ねむ
眠る

過去形 **slept** スレプト [slépt] 眠った

I sleep on the bed. 私はベッドで眠ります。

ビルド
build
[bíld]

～を建てる；
～をつくる

過去形 **built** ビルト [bílt] ～を建てた；～をつくった

I build a big sand castle. 私は大きな砂の城をつくります。

□ **I** アイ [ái] 私は	□ **station** ステイション [stéiʃən] 駅	□ **nice** ナイス [náis] よい
□ **pen** ペン [pén] ペン	□ **store** ストアー [stɔ́ːr] 店	□ **bed** ベッド [béd] ベッド
□ **big** ビッグ [bíg] 大きい	□ **sand** サンド [sǽnd] 砂	□ **castle** キャスル [kǽsl] 城

ドライヴ
drive
[dráiv]
～を運転する（うんてん）

過去形 **drove** ドゥロウヴ [dróuv] ～を運転した

I drive a truck. 私（わたし）はトラックを運転します。

セル
sell
[sél]
～を売（う）る

過去形 **sold** ソウルド [sóuld] ～を売った

I sell vegetables here. 私はここで野菜（やさい）を売ります。

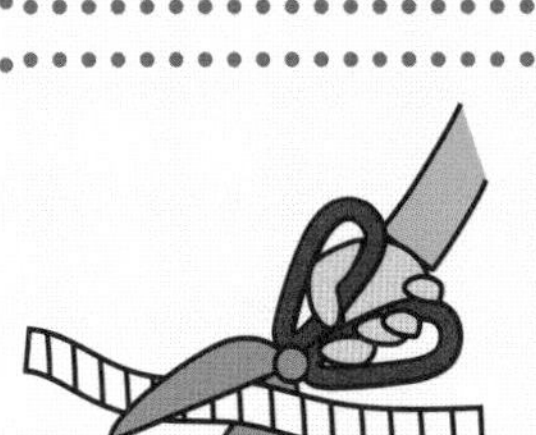

カット
cut
[kʌ́t]
～を切（き）る

過去形 **cut** カット [kʌ́t] ～を切った

I cut the rope. 私はロープを切ります。

スタディ
study
[stʌ́di]
～を勉強（べんきょう）する

過去形 **studied** スタディド [stʌ́did] ～を勉強した

I study English every day. 私は毎日（まいにち）、英語を勉強（べんきょう）します。

- □ **I** アイ [ái] 私は
- □ **truck** トゥラック [trʌ́k] トラック
- □ **vegetable** ヴェジタブル [védʒətəbl] 野菜
- □ **here** ヒア [híər] ここで
- □ **rope** ロウプ [róup] ロープ
- □ **English** イングリッシュ [íŋgliʃ] 英語
- □ **every day** エヴリ デイ [évri déi] 毎日

リスン
listen
[lísn]

き
聴く

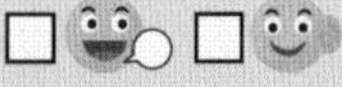

過去形（かこけい） **listened** リスンド [lísnd] 聴いた

I listen to the radio. 私（わたし）はラジオを聴きます。

ビカム
become
[bikʌ́m]

〜になる

過去形（かこけい） **became** ビケィム [bikéim] 〜になった

I want to become a doctor. 私は医者（いしゃ）になりたいです。

スタップ
stop
[stáp]

〜をやめる；
止（と）まる

過去形（かこけい） **stopped** ストップト [stápt] 〜をやめた；止まった

I stop at the gate. 私は門（もん）のところで止まっています。

ワント
want
[wánt]

〜がほしい；
〜したい

過去形（かこけい） **wanted** ワンテッド [wántid] 〜がほしかった；〜したかった

I want some water. 私は少（すこ）し水（みず）がほしいです。

☐ **I** アイ [ái] 私は	☐ **radio** レイディオゥ [réidiòu] ラジオ	☐ **want** ウォント [wánt] 〜したい
☐ **doctor** ドクタァ [dáktər] 医者	☐ **gate** ゲイト [géit] 門	☐ **some** サム [sʌ́m] いくらかの
☐ **water** ウォータァ [wɔ́:tər] 水		

ビギン
begin [bigín]
～を始める；始まる

過去形 **began** ビガン [bigǽn] ～を始めた；始まった

I begin my lesson. 私は授業を始めます。

ステイ
stay [stéi]
いる；泊まる

過去形 **stayed** ステイド [stéid] いた；泊まった

I stay at the hotel. 私はそのホテルに泊まります。

ティーチ
teach [tí:tʃ]
～を教える

過去形 **taught** トート [tɔ́:t] ～を教えた

I teach history. 私は歴史を教えています。

コール
call [kɔ́:l]
～を呼ぶ

過去形 **called** コールド [kɔ́:ld] ～を呼んだ

I call him John. 私は彼をジョンと呼びます。

- ☐ **I** アイ [ái] 私は
- ☐ **my** マイ [mái] 私の
- ☐ **lesson** レッスン [lésn] レッスン；授業
- ☐ **hotel** ホウテル [houtél] ホテル
- ☐ **history** ヒストリィ [hístəri] 歴史
- ☐ **him** ヒム [hím] 彼に
- ☐ **John** ジァン [dʒán] ジョン（男性の名前）

ヘルプ
help
[hélp]

〜を助ける；手伝う

過去形 **helped** ヘルプト [hélpt] 〜を助けた；手伝った

I help her. 私は彼女を手伝います。

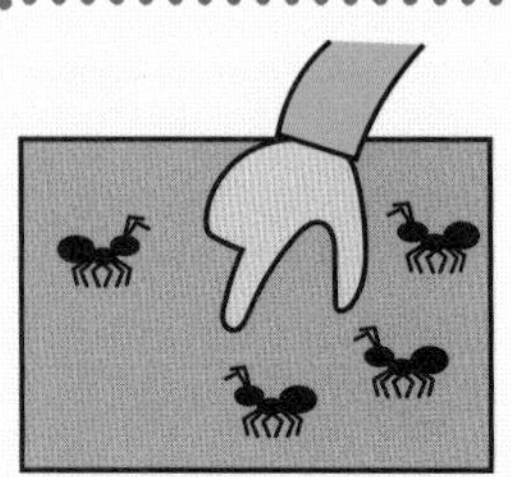

キャッチ
catch
[kǽtʃ]

〜をつかまえる

過去形 **caught** コート [kɔ́:t] 〜をつかまえた

I catch some ants. 私は数匹のアリをつかまえます。

スウィム
swim
[swím]

泳ぐ

過去形 **swam** スワム [swǽm] 泳いだ

I swim in the sea. 私は海で泳ぎます。

ミート
meet
[mí:t]

〜に会う

過去形 **met** メット [mét] 〜に会った

I meet him at the park. 私は彼に公園で会います。

- □ **I** アイ [ái] 私は
- □ **her** ハー [hə́:r] 彼女を
- □ **some** サム [sʌ́m] いくらかの
- □ **ant** アント [ǽnt] アリ
- □ **sea** スィー [sí:] 海
- □ **him** ヒム [hím] 彼に
- □ **park** パーク [pá:rk] 公園

イート
eat [íːt]
～を食べる
□ □ □ □

過去形 **ate** エイト [éit] ～を食べた

I eat some pie.
私はパイを食べます。

センド
send [sénd]
～を送る
□ □ □ □

過去形 **sent** セント [sént] ～を送った

I send her a present.
私は彼女にプレゼントを送ります。

スタンド
stand [stǽnd]
立つ；立っている
□ □ □ □

過去形 **stood** ストゥッド [stúd] 立った；立っていた

I stand beside her.
私は彼女のそばに立っています。

オウプン
open [óupən]
～を開く；開ける
□ □ □ □

過去形 **opened** オウプンド [óupənd] ～を開いた；開けた

I open the book.
私は本を開きます。

□ **I** アイ [ái] 私は
□ **some** サム [sʌ́m] いくらかの
□ **pie** パイ [pái] パイ
□ **her** ハー [hə́ːr] 彼女に
□ **present** プレゼント [préznt] プレゼント
□ **beside** ビサイド [bisáid] ～のそばに
□ **book** ブック [búk] 本

スィング
sing
[síŋ]
歌(うた)う

過去形(かこけい) **sang** サング [sǽŋ] 歌った

I sing a song. 私(わたし)は歌を歌います。

ユーズ
use
[júːz]
〜を使(つか)う

過去形(かこけい) **used** ユーズド [júːzd] 〜を使った

I use a red pen. 私は赤(あか)いペンを使います。

スィット
sit
[sít]
座(すわ)る

過去形(かこけい) **sat** サット [sǽt] 座った

I sit on the chair. 私はいすに座ります。

フィニッシュ
finish
[fíniʃ]
〜を終(お)える；終わる

過去形(かこけい) **finished** フィニッシュト [fíniʃt] 〜を終えた；終わった

I finish my homework. 私は宿題(しゅくだい)を終えます。

- □ **I** アイ [ái] 私は
- □ **song** ソーング [sɔ́ːŋ] 歌
- □ **red** レッド [réd] 赤い
- □ **pen** ペン [pén] ペン
- □ **chair** チェア [tʃéər] いす
- □ **my** マイ [mái] 私の
- □ **homework** ホウムワーク [hóumwə̀ːrk] 宿題

メイク
make
[méik]
～を作(つく)る

過去形(かこけい) **made** メイド [méid] ～を作った

I make a cake. 私(わたし)はケーキを作ります。

カム
come
[kʌ́m]
来(く)る

過去形 **came** ケイム [kéim] 来た

I come out of my house to see my teacher. 私は先生(せんせい)に会(あ)うために、家(いえ)から出(で)ます。

ドリンク
drink
[dríŋk]
～を飲(の)む

過去形 **drank** ドランク [drǽŋk] ～を飲んだ

I drink some milk. 私は牛乳(ぎゅうにゅう)を飲みます。

ゴウ
go
[góu]
行(い)く

過去形 **went** ウェント [wént] 行った

I go to school. 私は学校(がっこう)へ行きます。

- □ **I** アイ [ái] 私は
- □ **cake** ケイク [kéik] ケーキ
- □ **out of** アウロブ [áutəv] ～から外へ
- □ **my** マイ [mái] 私の
- □ **house** ハウス [háus] 家
- □ **see** スィー [síː] 会う
- □ **teacher** ティーチャー [tíːtʃər] 先生
- □ **some** サム [sʌ́m] いくらかの
- □ **milk** ミルク [mílk] 牛乳
- □ **school** スクール [skúːl] 学校

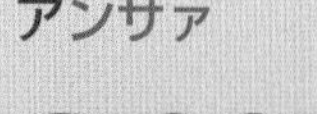

アンサァ
answer
[ǽnsər]

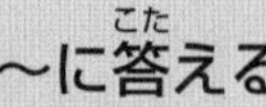

～に答える（こた）

過去形（かこけい） **answered** アンサァド [ǽnsərd] ～に答えた

I answer the question. 私（わたし）はその質問（しつもん）に答えます。

スィー
see
[síː]

～が見える（み）

過去形（かこけい） **saw** ソー [sɔ́ː] ～が見えた

I see a tall building. 私は高い（たか）建物（たてもの）が見えます。

ルック
look
[lúk]

見る（み）

過去形（かこけい） **looked** ルックト [lúkt] 見た

I look at some stars. 私は星（ほし）を見ます。

ノウ
know
[nóu]

～を知っている（し）

過去形（かこけい） **knew** ニュー [njúː] ～を知っていた

I know your grandmother. 私はあなたのおばあさんを知っています。

- □ **I** アイ [ái] 私は
- □ **question** クエスチョン [kwéstʃən] 質問
- □ **tall** トール [tɔ́ːl] 背（せ）が高い
- □ **building** ビルディング [bíldiŋ] 建物
- □ **star** スタァ [stáːr] 星
- □ **your** ユアー [júər] あなたの
- □ **grandmother** グラン(ド)マザァ [grǽndmʌ̀ðər] 祖母（そぼ）

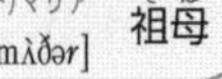

セイ

say
[séi]

～を言(い)う

□ □ □ □

過去形 **said** セッド [séd] ～を言った

I say hello. 私はこんにちはと言います。

リード
read
[rí:d]

～を読(よ)む

過去形 **read** レッド [réd] ～を読んだ

I read a novel. 私は小説(しょうせつ)を読みます。

ウェイト
wait
[wéit]

待(ま)つ

過去形 **waited** ウェイティッド [wéitid] 待った

I wait for him in the room. 私は部屋(へや)で彼(かれ)を待ちます。

スィンク
think
[θíŋk]

～と思(おも)う；考(かんが)える

過去形 **thought** ソート [θɔ́:t] ～と思った；考えた

I think he is kind. 私は、彼は親切(しんせつ)だと思います。

□ **I** アイ [ái] 私は
□ **hello** ヘロウ [helóu] こんにちは
□ **novel** ノヴェル [návəl] 小説
□ **him** ヒム [hím] 彼を
□ **room** ルーム [rú:m] 部屋
□ **he** ヒー [hí:] 彼は
□ **kind** カインド [káind] 親切な

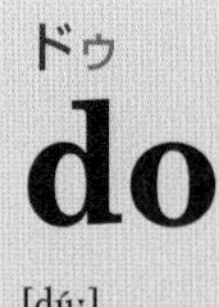

ドゥ
do
[dú:]

～をする

過去形 **did** ディド [díd] ～をした

I do my homework. 私は宿題をします。

テル
tell
[tél]

～を伝える；～を言う；～を教える

過去形 **told** トウルド [tóuld] ～を伝えた；～を言った；～を教えた

I tell him a scary story. 私は彼に怖い話を伝えます。

ワッチ
watch
[wátʃ]

～を見る

過去形 **watched** ワッチト [wátʃt] ～を見た

I watch TV. 私はテレビを見ます。

ラフ
laugh
[lǽf]

笑う

過去形 **laughed** ラフト [lǽft] 笑った

I laugh a lot. 私はたくさん笑います。

- ☐ **I** アイ [ái] 私は
- ☐ **my** マイ [mái] 私の
- ☐ **homework** ホウムワーク [hóumwəːk] 宿題
- ☐ **him** ヒム [hím] 彼に
- ☐ **scary** スケアリィ [skéəri] 怖い
- ☐ **story** ストーリィ [stɔ́:ri] 話
- ☐ **TV** ティーヴィー [tí:ví:] テレビ
- ☐ **a lot** アロッ [ə lát] よく

クライ
cry [krái]
泣く(な)

過去形 **cried** クライド [krái] 泣いた

I cry quietly. 私(わたし)はシクシク泣きます。

ヴィズィット
visit [vízit]
～を訪問(ほうもん)する

過去形 **visited** ヴィズィティッド [vízitid] ～を訪問した

I visit his house. 私は彼(かれ)の家(いえ)を訪問します。

チェック
check [tʃék]
～を確認(かくにん)する

過去形 **checked** チェックト [tʃékt] ～を確認した

I check my schoolbag. 私はランドセル（の中身(なかみ)）を確認します。

トゥライ
try [trái]
～をためす；～に挑戦(ちょうせん)する

過去形 **tried** トゥライド [tráid] ～をためした；～に挑戦した

I try ice skating. 私はアイススケートに挑戦します。

- □ **I** アイ [ái] 私は
- □ **quietly** クワイエトリィ [kwáiətli] 静かに
- □ **his** ヒズ [híz] 彼の
- □ **house** ハウス [háus] 家
- □ **my** マイ [mái] 私の
- □ **schoolbag** スクールバッグ [skú:lbæg] ランドセル；通学カバン
- □ **ice skating** アイスケーティン [áis skeitiŋ] アイススケート

プラクティス
practice [prǽktis] 〜を練習する

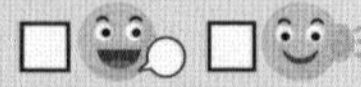

過去形 **practiced** プラクティスト [prǽktist] 〜を練習した

I practice the violin. 私はバイオリンを練習します。

インジョイ
enjoy [indʒɔ́i] 〜を楽しむ

過去形 **enjoyed** インジョイド [indʒɔ́id] 〜を楽しんだ

I enjoy the party. 私はパーティーを楽しみます。

ダンス
dance [dǽns] おどる；ダンスをする

過去形 **danced** ダンスト [dǽnst] おどった；ダンスをした

I dance in class. 私は授業でダンスをします。

スキー
ski [skíː] スキーをする

過去形 **skied** スキード [skíːd] スキーをした

I ski in winter. 私は冬にスキーをします。

- □ **I** アイ [ái] 私は
- □ **violin** ヴァイオリン [vàiəlín] バイオリン
- □ **party** パーティ [páːrti] パーティー
- □ **class** クラス [klǽs] 授業
- □ **winter** ウィンタァ [wíntər] 冬

ライドゥ
ride [ráid]
～に乗る

過去形 **rode** ロウド [róud] ～に乗った

I ride a bicycle. 私は自転車に乗ります。

ジャンプ
jump [dʒʌ́mp]
飛び跳ねる

過去形 **jumped** ジャンプト [dʒʌ́mpt] 飛び跳ねた

I jump high. 私は高く飛び跳ねます。

ペイント
paint [péint]
（絵の具などで）～を描く

過去形 **painted** ペインティド [péintɪd] ～を描いた

I paint a picture. 私は絵を描きます。

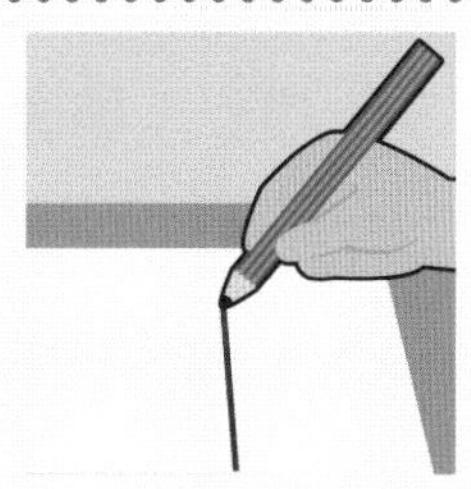

ドゥロー
draw [drɔ́:]
（線を）引く；（線で）描く

過去形 **drew** ドゥルー [drú:] ～を引いた；～を描いた

I draw a line. 私は線を引きます。

- □ **I** アイ [ái] 私は
- □ **bicycle** バイスィクル [báisikl] 自転車
- □ **high** ハイ [hái] 高く
- □ **picture** ピクチャァ [píktʃər] 絵
- □ **line** ライン [láin] 線

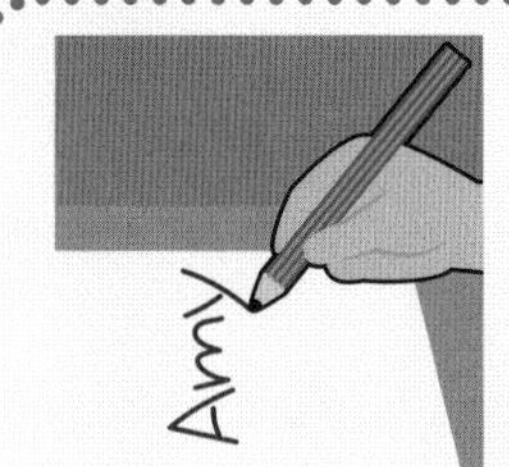

スペル
spell
[spél]

つづる；
〜を正(ただ)しく書(か)く

過去形(かこけい) **spelled** スペルト [spélt] つづった；〜を正しく書いた

How do you spell "Amy"? 「エイミー」はどのようにつづるのですか？

タッチ
touch
[tʌ́tʃ]

さわる

過去形(かこけい) **touched** タッチト [tʌ́tʃt] さわった

I touch his head. 私(わたし)は彼(かれ)の頭(あたま)をさわります。

ターン
turn
[tə́ːrn]

向(む)きを変(か)える；
曲がる

過去形(かこけい) **turned** ターンド [tə́ːrnd] 向きを変えた；曲がった

I turn my body. 私は体(からだ)の向きを変えます。

ジョイン
join
[dʒɔ́in]

参加(さんか)する

過去形(かこけい) **joined** ジョイント [dʒɔ́int] 参加した

I join the tennis club. 私はテニスクラブに入ります。

- ☐ **how** ハウ [háu] どのように
- ☐ **you** ユー [júː] あなたは
- ☐ **Amy** エイミー [éimi] エイミー（女性の名前）
- ☐ **I** アイ [ái] 私は
- ☐ **my** マイ [mái] 私の
- ☐ **body** バディ [bádi] 体
- ☐ **tennis** テニス [ténis] テニス
- ☐ **club** クラブ [klʌ́b] クラブ；部

クリーン
clean
[klíːn]

片(かた)づける；きれいにする

過去形 **cleaned** クリーンド [klíːnd] 片づけた；きれいにした

I clean my bookshelf. 私(わたし)は自分(じぶん)の本棚(ほんだな)を片づけます。

ブラッシュ
brush
[brʌ́ʃ]

～をみがく

過去形 **brushed** ブラッシュト [brʌ́ʃt] ～をみがいた

I brush my teeth. 私は歯(は)をみがきます。

パァス
pass
[pǽs]

～を手(て)わたす

過去形 **passed** パァスト [pǽst] ～を手わたした

Please pass me the salt. 私に塩(しお)を取(と)ってください。

ウワーク
work
[wə́ːrk]

働(はたら)く；仕事(しごと)をする

過去形 **worked** ウワークト [wə́ːrkt] 働いた；仕事をした

I work hard. 私は一生懸命(いっしょうけんめい)に働きます。

- □ **I** アイ [ái] 私は
- □ **my** マイ [mái] 私の
- □ **bookshelf** ブックシェルフ [búkʃelf] 本棚
- □ **teeth** ティース [tíːθ] 歯
- □ **please** プリーズ [plíːz] お願いします
- □ **me** ミー [míː] 私に
- □ **salt** ソールト [sɔ́ːlt] 塩
- □ **hard** ハード [háːrd] 一生懸命

ニード
need [ní:d]

ひつよう
～を必要とする

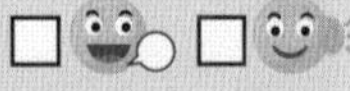

過去形 **needed** ニーディド [ní:did] ～を必要とした

I need an eraser. 私は消しゴムが必要です。

ファインド
find [fáind]

～を見つける

過去形 **found** ファウンド [fáund] ～を見つけた

I find my smartphone on the table. 私はテーブルに自分のスマホを見つけます。

ファゲット
forget [fərgét]

～を忘れる

過去形 **forgot** フォゴット [fərgát] ～を忘れた

I forget the key. 私はカギを忘れています。（私はカギを忘れてしまいました。）

ウェアァ
wear [wéər]

～を着る

過去形 **wore** ウォア [wɔ́:r] ～を着た

I wear a coat. 私はコートを着ます。

- □ **I** アイ [ái] 私は
- □ **eraser** イレイサァ [iréisər] 消しゴム
- □ **smartphone** スマーフォン [smá:rtfòun] スマートホン
- □ **table** テイブル [téibl] テーブル
- □ **key** キー [kí:] カギ
- □ **coat** コウト [kóut] コート

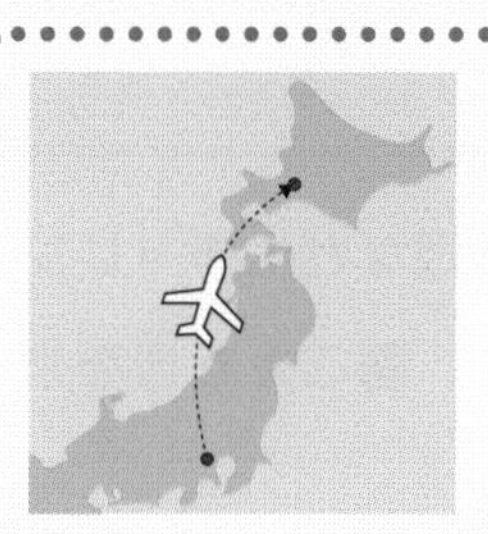

アライヴ
arrive
[əráiv]

～に着く

過去形 **arrived** アライヴド [əráivd] ～に着いた

I arrive in Hokkaido in the afternoon. 私は午後に北海道に到着します。

フライ
fly
[flái]

飛ぶ

過去形 **flew** フルー [flú:] 飛んだ

I know birds fly. 鳥が飛ぶのは知っています。

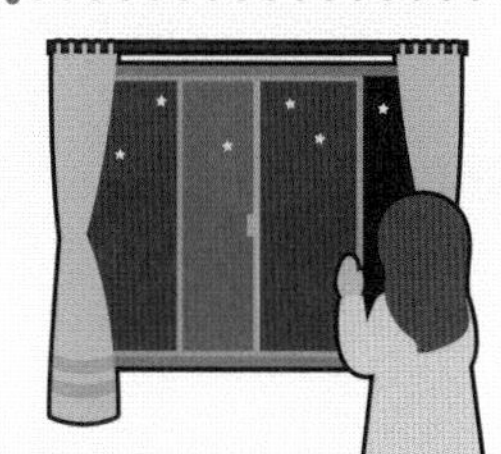

クロウズ
close
[klóuz]

～を閉める；～を閉じる

過去形 **closed** クロウズド [klóuzd] ～を閉めた；～を閉じた

I close the window. 私は窓を閉めます。

スプライズ
surprise
[səɾpráiz]

～を驚かせる

過去形 **surprised** スプライズド [səɾpráizd] ～を驚かせた

I'm surprised. 私は驚いています。

- □ **I** アイ [ái] 私は
- □ **afternoon** アフタヌーン [æftəɾnú:n] 午後
- □ **bird** バード [bə́:ɾd] 鳥
- □ **know** ノウ [nóu] ～を知っている
- □ **window** ウィンドウ [wíndou] 窓

便利な英会話フレーズ 3

かんたんな質問とその受けこたえや、ちょっとした呼びかけ表現などにチャレンジしてみましょう。場面を想像しながら読んだり、音声を聴いて、聴こえた音をまねして言ったりして、何度も練習してみましょう。

● ものの名前をたずねる

これは何？	What's this?
レモンです。	It's a lemon.
そのとおり。	That's right.

● 相手に好き嫌いをたずねる

あなたは野球が好きですか？	Do you like baseball?
はい、好きです。	Yes, I do.
あなたはバナナが好きですか？	Do you like bananas?
いいえ、好きではありません。	No, I don't.

● 時刻・曜日をたずねる

何時ですか？	What time is it?
7時45分です。	It's 7:45 (seven forty-five).
今日は何曜日ですか？	What day is it today?
金曜日です。	It's Friday.

● 呼びかけ

さあ行こう！	Let's go!
これを見て！	Look at this!
座ってください。	Sit down, please.
立ってください。	Stand up, please.

第3章

形容詞

形容詞とは、「性質や状態を表すことば」です。

形容詞のおもなはたらきは、名詞を修飾する（＝飾る）ことです。

120語の形容詞それぞれに2つずつ、形容詞が名詞を修飾している表現の例がついていますので、あわせて読んでみましょう。

ホワイト
white
[*h*wáit]

<ruby>白<rt>しろ</rt></ruby>い

a white horse　白いウマ
a white chair　白いいす

ブラック
black
[blǽk]

<ruby>黒<rt>くろ</rt></ruby>い

a black car　黒い<ruby>車<rt>くるま</rt></ruby>
a black coat　黒いコート

ブルー
blue
[blú:]

<ruby>青<rt>あお</rt></ruby>い

blue shoes　青いくつ
a blue shirt　青いシャツ

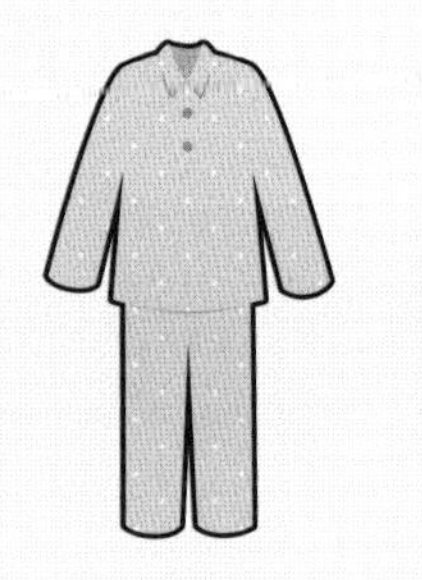

イェロウ
yellow
[jélou]

<ruby>黄色<rt>きいろ</rt></ruby>い

yellow pajamas　黄色いパジャマ
a yellow scarf　黄色いスカーフ

レッド
red
[réd]

<ruby>赤<rt>あか</rt></ruby>い

a red jacket　赤いジャケット
a red balloon　赤い<ruby>風船<rt>ふうせん</rt></ruby>

グリーン
green
[grí:n]

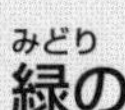
緑(みどり)の

a green bag	緑色(いろ)のかばん
a green hat	緑色の帽子(ぼうし)

グレイ
gray
[gréi]

灰色(はいいろ)の

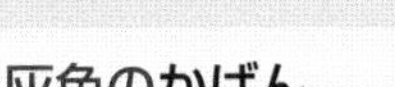

a gray bag	灰色のかばん
a gray sweater	灰色のセーター

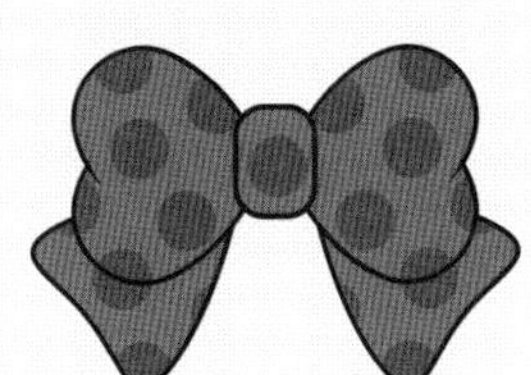

ピンク
pink
[píŋk]

ピンクの

a pink ribbon	ピンクのリボン
a pink shirt	ピンクのシャツ

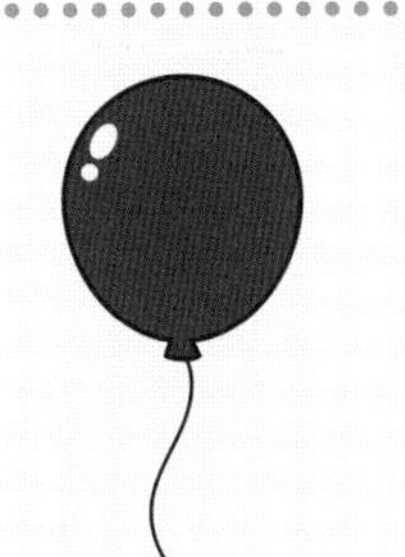

パァプル
purple
[pə́:rpl]

むらさき色の

a purple balloon	むらさき色の風船(ふうせん)
a purple ribbon	むらさき色のリボン

ブラウン
brown
[bráun]

茶色の

a brown bag	茶色のかばん
brown pants	茶色のズボン

ゴウルド
gold [góuld]
金色(きんいろ)の

□ □ □ □

a gold medal	金メダル
a gold necklace	金のネックレス

スィルヴァ
silver [sílvər]
銀色(ぎんいろ)の

□ □ □ □

a silver medal	銀メダル
a silver car	銀色の車(くるま)

グッド
good [gúd]
よい

□ □ □ □

a good book	よい本(ほん)
a good student	よい生徒(せいと)

バッド
bad [bǽd]
悪(わる)い

□ □ □ □

a bad boy	悪い少年(しょうねん)
a bad girl	悪い少女(しょうじょ)

イーズィ
easy [í:zi]
かんたんな

□ □ □ □

an easy question	かんたんな質問(しつもん)
an easy job	かんたんな仕事(しごと)

ディフィカルト
difficult
[dífikʌlt]
むずかしい

a difficult question　むずかしい質問（しつもん）
a difficult job　むずかしい仕事（しごと）

スモール
small
[smɔ́:l]
小（ち）さい

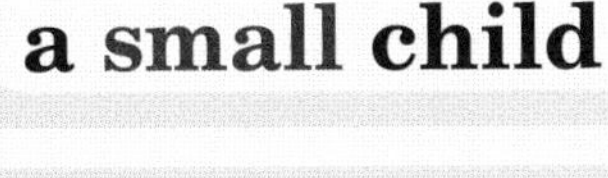

a small box　小さい箱（はこ）
a small child　小さな子（こ）ども

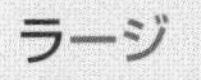

ラージ
large
[lɑ́:rdʒ]
大（おお）きい

a large room　大きい部屋（へや）
a large sweater　大きなセーター

リトル
little
[lítl]
小（ち）さい

a little dog　小さいイヌ
a little girl　小さな少女（しょうじょ）

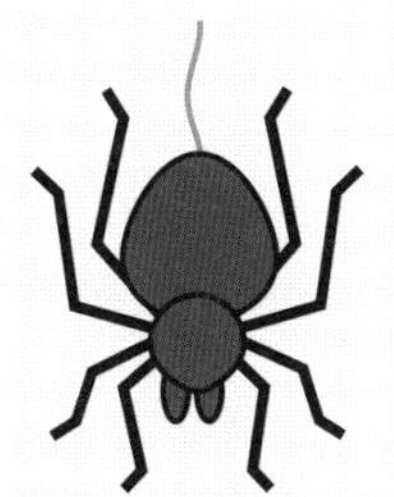

ビッグ
big
[bíg]
大（おお）きい

a big spider　大きいクモ
a big house　大きな家（いえ）

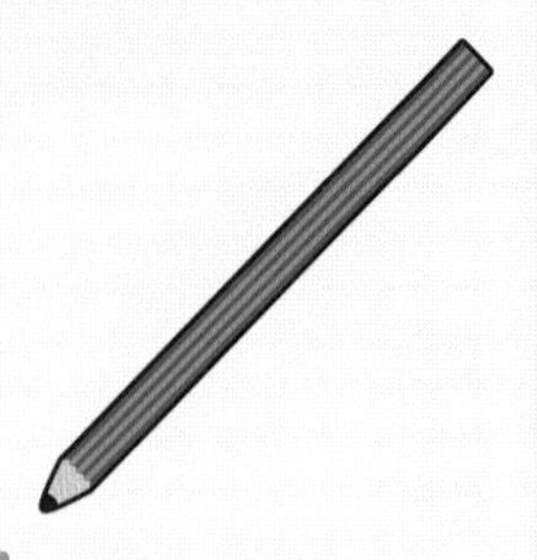

ローング
long
[lɔ́ːŋ]

長い

a long pencil	長い鉛筆
a long tail	長い尻尾

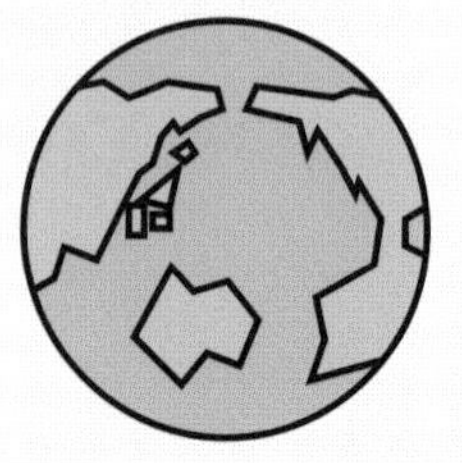

ラウンド
round
[ráund]

丸い

the round earth	丸い地球
a round nose	丸い鼻

トール
tall
[tɔ́ːl]

背が高い

a tall person	背が高い人
a tall building	高い建物

ハイ
high
[hái]

高い

a high tower	高い塔
a high mountain	高い山

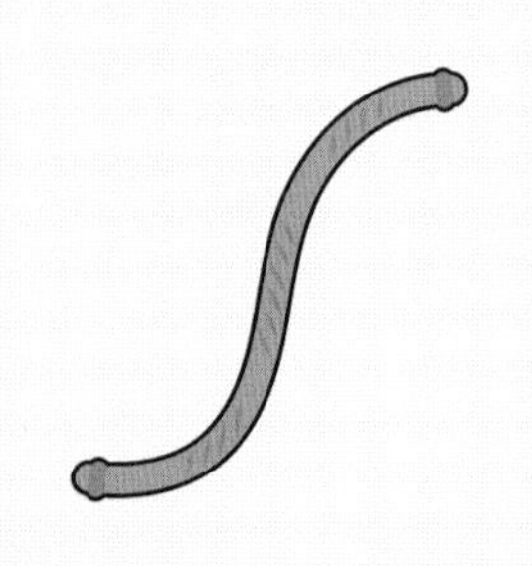

ショート
short
[ʃɔ́ːrt]

短い；
背が低い

a short rope	短いロープ
a short film	短編映画

ハット
hot
[hát]

熱い；暑い

a hot day 暑い日
a hot stone 熱い石

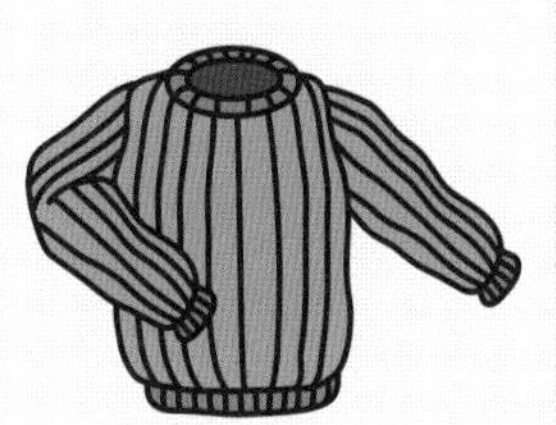

ウォーム
warm
[wɔ́ːrm]

あたたかい

a warm sweater あたたかいセーター
a warm day あたたかい日

クール
cool
[kúːl]

すずしい

a cool summer すずしい夏
a cool day すずしい日

コウルド
cold
[kóuld]

寒い；冷たい

a cold day 寒い日
a cold man 冷たい男

グレイト
great
[gréit]

偉大な；すばらしい

a great man 偉大な男
a great movie すばらしい映画

ナイス
nice
[náis]

よい；すてきな

a nice boy	すてきな少年（しょうねん）
a nice car	すてきな車（くるま）

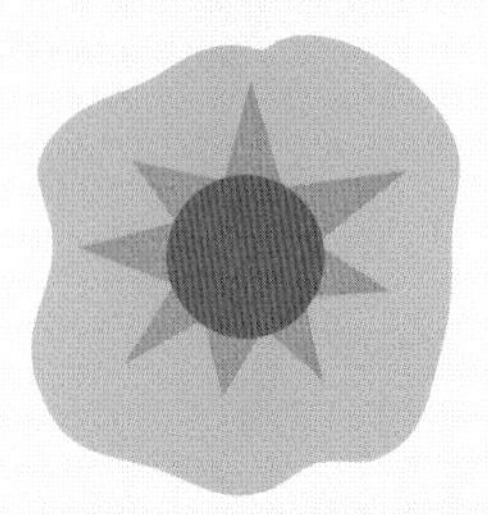

ファイン
fine
[fáin]

すぐれた；晴（は）れた

a fine day	晴れた日（ひ）
a fine answer	すぐれた答（こた）え

カインド
kind
[káind]

親切（しんせつ）な

a kind woman	親切な女性（じょせい）
a kind man	親切な男性（だんせい）

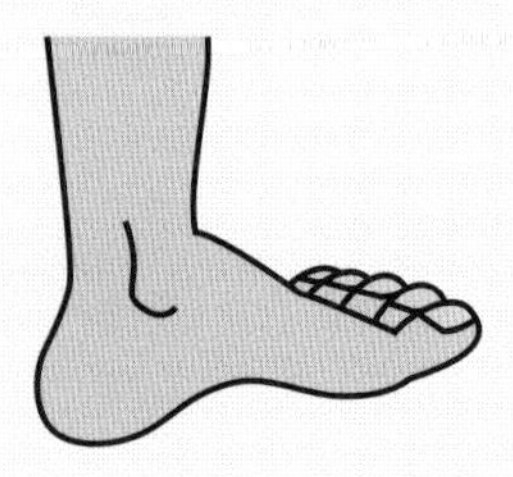

レフト
left
[léft]

左（ひだり）の

the left foot	左の足（あし）
the left arm	左の腕（うで）

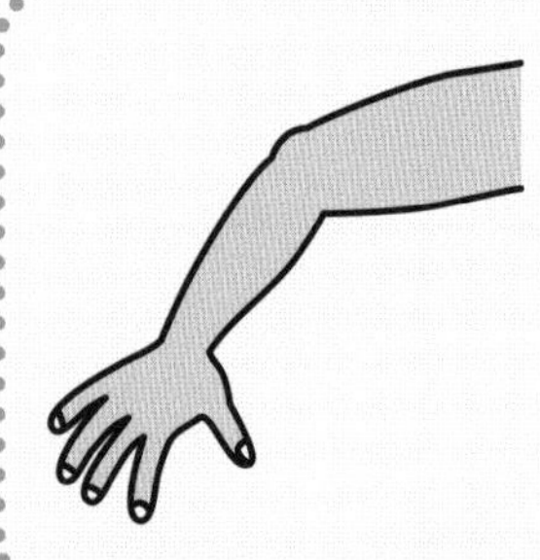

ライト
right
[ráit]

右（みぎ）の

the right arm	右の腕
the right foot	右の足

フル
full
[fúl]

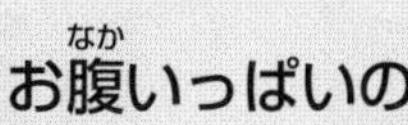

お腹いっぱいの

I'm full. 私はお腹がいっぱいです。

スウィート
sweet
[swíːt]

あまい

a sweet cake あまいケーキ

a sweet melon あまいメロン

ソーティ
salty
[sɔ́ːlti]

塩からい

a salty fish 塩からい魚

a salty ham 塩からいハム

スパイシィ
spicy
[spáisi]

スパイスのきいた

spicy food スパイスのきいた食べ物

spicy sauce スパイスのきいたソース

サワァ
sour
[sáuər]

すっぱい

sour food すっぱい食べ物

a sour candy すっぱいキャンディー

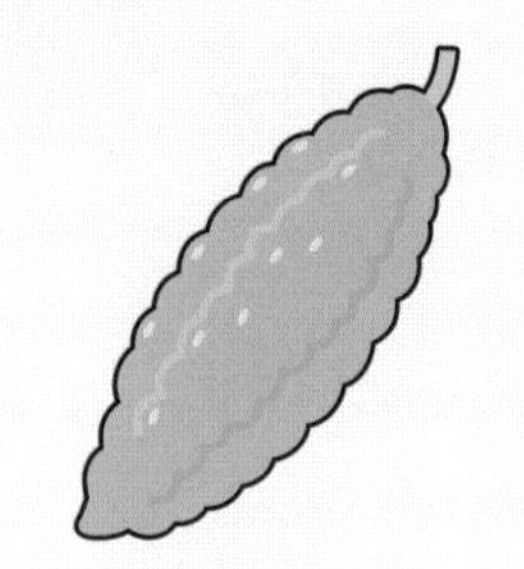

ビタァ

bitter

にがい

[bítər]

bitter vegetables	にがみのある野菜
bitter medicine	にがい薬

ディリシャス

delicious

おいしい

[dilíʃəs]

a delicious dinner	おいしい夕食
a delicious sandwich	おいしいサンドウィッチ

ヤミィ

yummy

おいしい

[jʌ́mi]

a yummy meal	おいしい食事
Yummy!	おいしい！

ハングリィ

hungry

空腹な

[hʌ́ŋgri]

a hungry tiger	腹を空かせたトラ
a hungry child	腹ぺこの子ども

サースティ

thirsty

のどの渇いた

[θə́ːrsti]

a thirsty dog	のどの渇いたイヌ
a thirsty boy	のどの渇いた少年

ニュー
new
[njúː]

新(あたら)しい

a new bike — 新しい自転車(じてんしゃ)
a new car — 新しい車(くるま)

ヤング
young
[jʌ́ŋ]

若(わか)い

a young man — 若い男(おとこ)
a young lady — 若い婦人(ふじん)

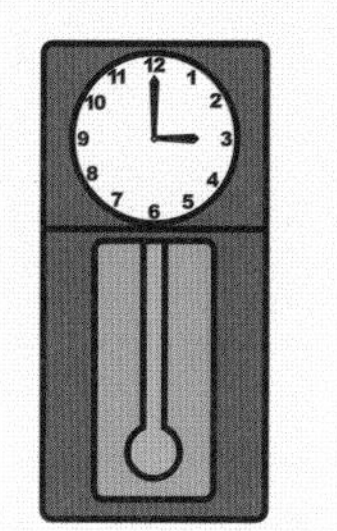

オウルド
old
[óuld]

古(ふる)い；年(とし)とった

an old clock — 古い時計(とけい)
an old bike — 古い自転車(じてんしゃ)

ビジー
busy
[bízi]

忙(いそが)しい；にぎやかな

a busy person — 忙しい人
a busy street — にぎやかな通(とお)り

ハピィ
happy
[hǽpi]

幸(しあわ)せな

a happy person — 幸せな人(ひと)
a happy day — 幸せな日(ひ)

サッド
sad
[sǽd]

悲(かな)しい；悲しそうな

a sad feeling	悲しい気持(きも)ち
a sad story	かわいそうな話(はなし)

ビューティフル
beautiful
[bjúːtəfəl]

美(うつく)しい

a beautiful flower	美しい花(はな)
a beautiful picture	美しい絵(え)

ワンダフル
wonderful
[wʌ́ndərfəl]

素敵(すてき)な

a wonderful day	素敵な日(ひ)
a wonderful present	素敵なプレゼント

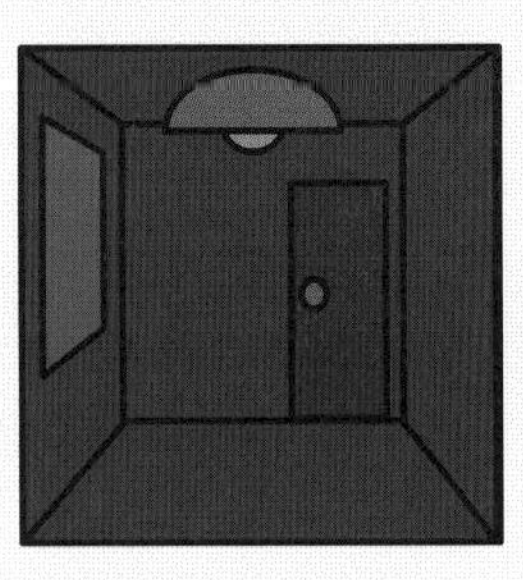

ダーク
dark
[dáːrk]

暗(くら)い

a dark room	暗い部屋(へや)
a dark suit	黒(くろ)っぽいスーツ

ストローング
strong
[strɔ́ːŋ]

強(つよ)い

a strong wall	強い壁(かべ)
a strong boy	強い少年(しょうねん)

ブレイヴ
brave
[bréiv]

勇かんな

a brave man	勇かんな男性
a brave dog	勇かんなイヌ

タフ
tough
[tʌ́f]

たくましい

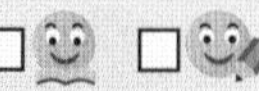

a tough father	たくましいお父さん
a tough firefighter	たくましい消防士

イクサイティン
exciting
[iksáitiŋ]

刺激的な；ワクワクさせる

an exciting game	ワクワクする試合
exciting sports	刺激的なスポーツ

プリティ
pretty
[príti]

かわいい

a pretty girl	かわいい少女
a pretty cat	かわいいネコ

ラヴリィ
lovely
[lʌ́vli]

美しい；かわいらしい

a lovely child	かわいらしい子ども
a lovely hat	かわいらしい帽子

ファンタスティック
fantastic
[fæntǽstik]

すばらしい；すてきな

fantastic mountains	すばらしい山々(やまやま)
a fantastic song	すてきな歌(うた)

ポピュラー
popular
[pápjulər]

人気(にんき)がある

a popular singer	人気歌手(かしゅ)
a popular restaurant	人気があるレストラン

フェイマス
famous
[féiməs]

有名(ゆうめい)な

a famous island	有名な島(しま)
a famous actor	有名な俳優(はいゆう)

スペシュル
special
[spéʃəl]

特別(とくべつ)な；大切(たいせつ)な

a special menu	特別メニュー
a special guest	大切なお客(きゃく)

トラディッショナル
traditional
[trədíʃənəl]

伝統的(でんとうてき)な；伝統の

traditional clothes	伝統的な服装(ふくそう)
a traditional dance	伝統的なおどり

フェイヴァリッ
favorite [féivərit]

お気(き)に入(い)りの

- a favorite bag　お気に入りのバッグ
- a favorite shop　お気に入りのお店(みせ)

フレンドゥリ
friendly [fréndli]

親(した)しみやすい；友好的(ゆうこうてき)な

- a friendly person　親しみのある人
- a friendly cat　親しみのあるネコ

ジェントゥル
gentle [dʒéntl]

おだやかな；やさしい

- a gentle grandfather　おだやかなおじいちゃん
- a gentle friend　やさしい友(とも)だち

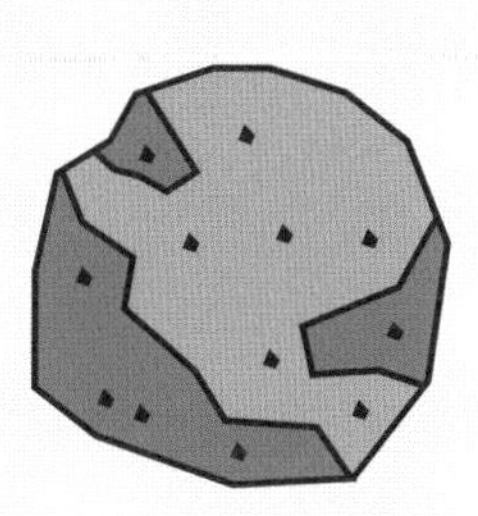

ハード
hard [há:rd]

かたい

- a hard stone　かたい石(いし)
- a hard case　かたいケース

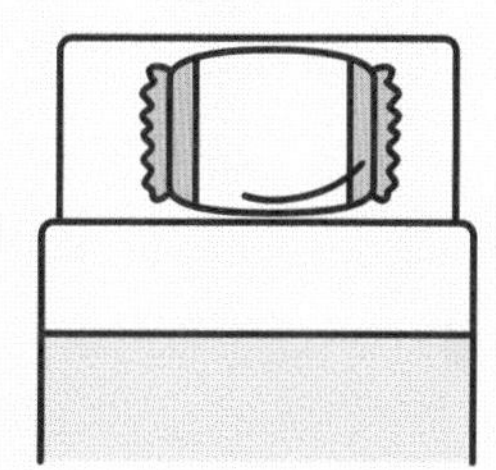

ソフト
soft [sɔ́:ft]

やわらかい

- a soft pillow　やわらかい枕(まくら)
- a soft cloth　やわらかい布(ぬの)

ファン
fun
[fʌ́n]

楽しい；
楽しみ［名］

a fun time	楽しい時間
a lot of fun	とても楽しい

アクティヴ
active
[ǽktiv]

活発な；元気な

an active boy	活発な男の子
an active grandmother	元気なおばあちゃん

スィック
sick
[sík]

病気の；
気分が悪い

a sick friend	病気の友だち
I'm sick.	私は気分が悪いです。

チアフル
cheerful
[tʃíərfəl]

元気のいい；
（人が）明るい

a cheerful person	明るい人
cheerful boys	元気のいい男の子たち

ファニ
funny
[fʌ́ni]

おもしろい

a funny face	おもしろい顔
funny people	おもしろい人たち

インタレスティン
interesting [íntərəstiŋ]
おもしろい；興味深い

- an interesting story　興味深い物語
- an interesting class　おもしろい授業

スケアリィ
scary [skéəri]
怖い；恐ろしい

- a scary animal　恐ろしい動物

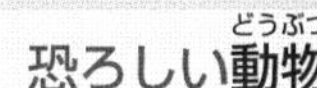

- a scary movie　怖い映画

アングリィ
angry [æŋgri]
怒って

- an angry man　怒っている男性
- an angry face　怒った顔

サァリ
sorry [sári]
すまないと思って

- I'm sorry I'm late.　遅れてごめんなさい。

スリーピィ
sleepy [slí:pi]
ねむい

- a sleepy girl　ねむそうな女の子
- a sleepy cat　ねむそうなネコ

タイアァド
tired
[táiərd]

つかれた

a tired man	つかれた男性(だんせい)
tired eyes	つかれた目

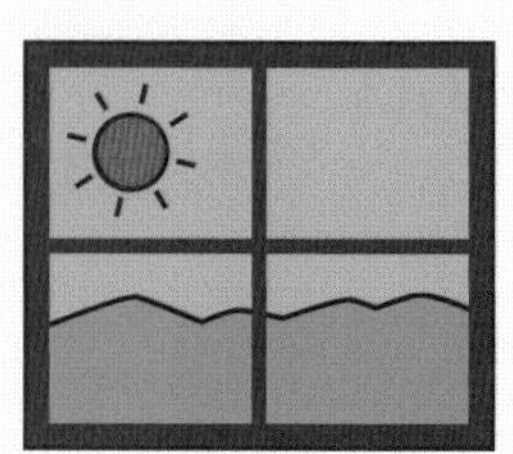

サニ
sunny
[sʌ́ni]

晴(は)れた；日当(ひあ)たりの良(よ)い

a sunny day	晴れの日
a sunny room	日当たりの良い部屋(へや)

ウィンディ
windy
[wíndi]

風(かぜ)の強(つよ)い

a windy day	風の強い日
a windy city	風の強い街(まち)

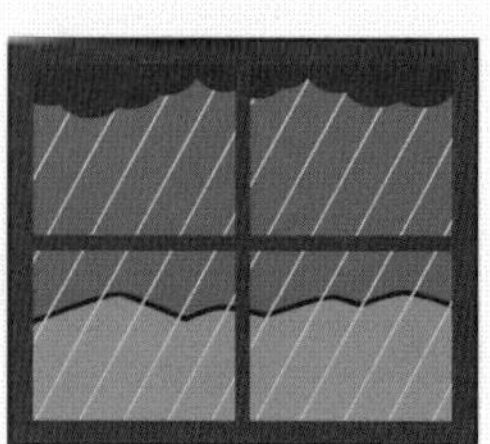

レイニィ
rainy
[réini]

雨降(あめふ)りの

a rainy day	雨の日
a rainy afternoon	雨降りの午後(ごご)

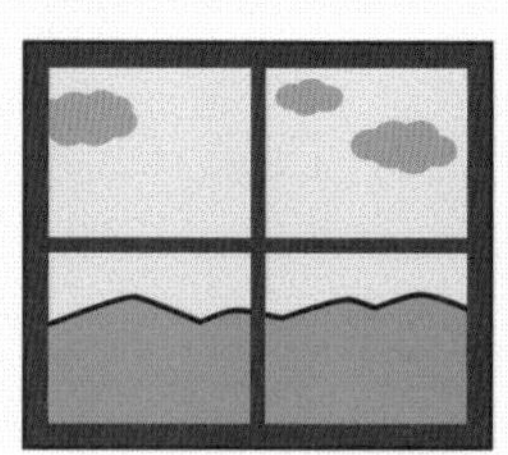

クラウディ
cloudy
[kláudi]

曇(くも)った

a cloudy day	曇りの日
a cloudy sky	曇り空(ぞら)

スノウイィ
snowy
[snóui]

雪の降る

a snowy day　雪の日
a snowy country　雪国

シャイニィ
shiny
[ʃáini]

ツヤツヤな；輝く

shiny shoes　ピカピカなくつ
a shiny car　ピカピカな車

クロウズド
closed
[klóuzd]

閉まっている；閉店した

a closed shop　閉まっている店
a closed door　閉まっているドア

フレシュ
fresh
[fréʃ]

新鮮な

fresh fruit　新鮮なくだもの
fresh air　新鮮な空気

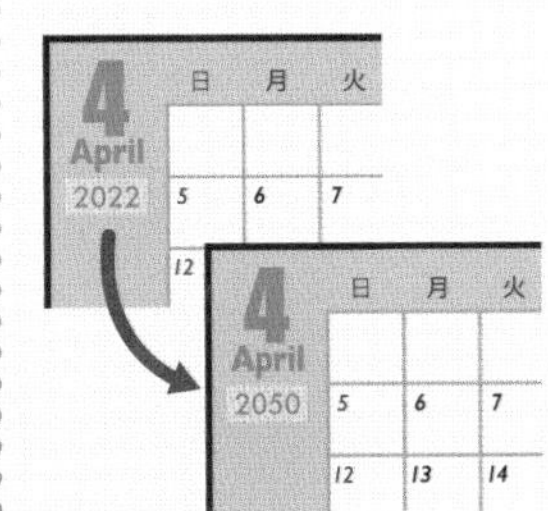

フューチャァ
future
[fjúːtʃər]

将来；未来［名］；将来［未来］の［形］

future dream　将来の夢
a future car　未来の車

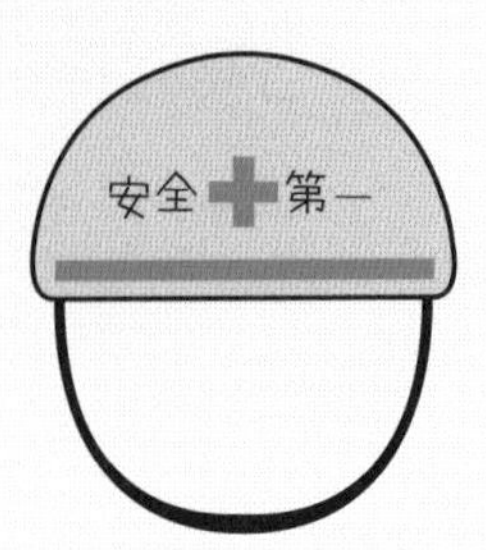

セイフ
safe
[séif]

安全な；無事な

a safe road	安全な道
a safe beach	安全なビーチ

ディンジャラス
dangerous
[déindʒərəs]

危ない

a dangerous area	危険エリア
a dangerous driver	危ない運転手

ケァフル
careful
[kέərfəl]

注意深い；注意する

Be careful!	気をつけて！
a careful person	用心深い人

セイム
same
[séim]

同じ

the same skirts	同じスカート
the same age	同じ年（年齢）

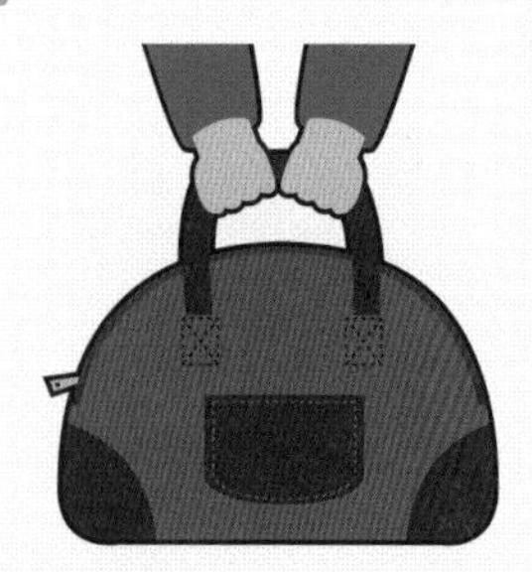

ヘヴィ
heavy
[hévi]

重い

a heavy bag	重いかばん
a heavy desk	重たい机

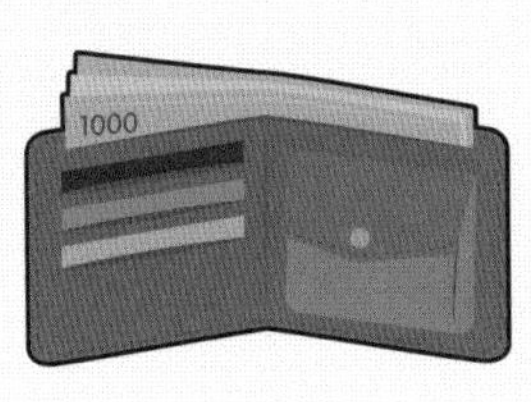

イナフ
enough
[inʌ́f]
十分な

enough money 十分なお金
enough food 十分な食べ物

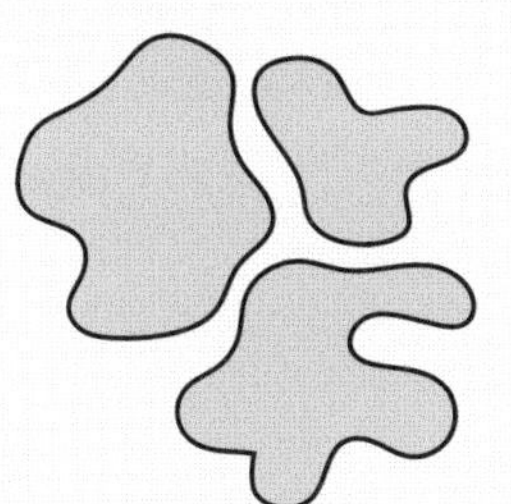

ストゥレンジ
strange
[stréindʒ]
変な

a strange shape 変な形
a strange story 変な話

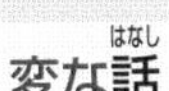

イクスペンスィヴ
expensive
[ikspénsiv]
値段が高い；高価な

an expensive necklace 高価なネックレス
an expensive jacket 高価な上着

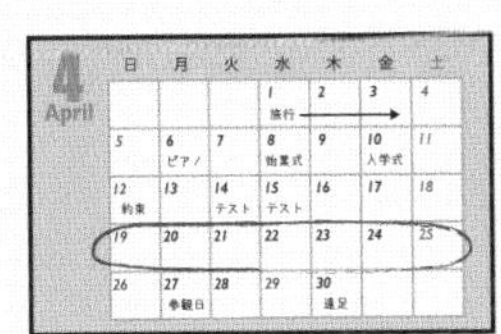

フリー
free
[fríː]
ひまな；用がない；無料の

free time 自由時間
a free breakfast 無料の朝食

メニ
many
[méni]
たくさんの

many birds たくさんの鳥
many apples たくさんのリンゴ

ゥライト

right

[ráit]

（答えや考えが）正しい

a right answer 正しい答え

a right map 正しい地図

ラァスト

last

[lǽst]

最後の；一番あとの

the last duck 最後のアヒル

the last day 最終日

ベスト

best

[bést]

最高の；とっておきの

the best picture 最高の絵

my best memory 私の一番の思い出

ファースト

first (1st)

[fə́ːrst]

1番目の；最初の；1日

January 1st 1月1日

セコンド

second (2nd)

[sékənd]

2番目の；2日

February 2nd 2月2日

サード
third (3rd)
[θə́rd]

3番目(ばんめ)の；3日(みっか)

March 3rd 3月(がつ)3日

フォース
fourth (4th)
[fɔ́:rθ]

4番目の；4日(よっか)

April 4th 4月4日

フィフィス
fifth (5th)
[fífθ]

5番目の；5日(いつか)

May 5th 5月5日

スィックス
sixth (6th)
[síksθ]

6番目の；6日(むいか)

June 6th 6月6日

セヴンス
seventh (7th)
[sévənθ]

7番目の；7日(なのか)

July 7th 7月7日

エイス
eighth (8th)
[éitθ]

8番目の；8日

August 8th　8月8日

ナインス
ninth (9th)
[náinθ]

9番目の；9日

September 9th　9月9日

テンス
tenth (10th)
[ténθ]

10番目の；10日

October 10th　10月10日

イレヴンス
eleventh (11th)
[ilévənθ]

11番目の；11日

November 11th　11月11日

トゥウェルフス
twelfth (12th)
[twélfθ]

12番目の；12日

December 12th　12月12日

スァーティーンス
thirteenth (13th)
[θə̀ːrtíːnθ]

13番目(ばんめ)の；13日(にち)

January 13th 1月(がつ)13日

フォーティーンス
fourteenth (14th)
[fɔ̀ːrtíːnθ]

14番目の；14日

April 14th 4月14日

フィフティーンス
fifteenth (15th)
[fìftíːnθ]

15番目の；15日

March 15th 3月15日

トゥウェンティエス
twentieth (20th)
[twéntiəθ]

20番目の；20日(はつか)

April 20th 4月20日

スァーティエス
thirtieth (30th)
[θə́ːrtiəθ]

30番目の；30日

May 30th 5月30日

便利な英会話フレーズ 4

かんたんな質問とその受けこたえにチャレンジしてみましょう。場面を想像しながら読んだり、音声を聴いて、聴こえた音をまねして言ったりして、何度も練習してみましょう。

● 相手の希望をたずねる

何がいい？	**What do you want?**
何がいいですか？	**What would you like?**
オレンジジュースをお願いします。	**Orange juice, please.**
はい、どうぞ。	**Here you are.**
ありがとう。	**Thank you.**
どういたしまして。	**You're welcome.**

● 相手に好きなことをたずねる

あなたは何色が好きですか？	**What color do you like?**
私は黄色が好きです。	**I like yellow.**
あなたは何のスポーツが好きですか？	**What sport do you like?**
私はバスケットボールが好きです。	**I like basketball.**

● 相手にいつするか、たずねる

あなたは何時に朝食を食べますか？	**What time do you eat breakfast?**
私は7時に朝食を食べます。	**I eat breakfast at seven.**
あなたは何時にお風呂に入りますか？	**What time do you take a bath?**
私は8時にお風呂に入ります	**I take a bath at eight.**

第4章

副詞

副詞とは、「動詞や形容詞をより詳しく表すことば」です。

副詞のおもなはたらきは、ある言葉や文を修飾する（＝飾る）ことです。

副詞を使うことで、言葉や文をより詳しく説明することができます。

21語それぞれに1文ずつ例文がついているので、あわせて読んでみましょう。

文を作るのに欠かせない語だよ

イエス
yes
[jés]

はい

□ □ □ □

Are you Maki?
— Yes.

あなたはマキですか？
ー はい。

文を作るのに欠かせない語だよ

ノウ
no
[nóu]

いいえ

□ □ □ □

Are you Maki?
— No.

あなたはマキですか？
ー いいえ。

文を作るのに欠かせない語だよ

ナット
not
[nát]

～でない；
～しない

□ □ □ □

I'm not Maki.

私はマキではありません。

程度を表すときに使うよ

ヴェリィ
very
[véri]

とても；大変

□ □ □ □

I'm very tired.

私はとてもつかれています。

程度を表すときに使うよ

マッチ
much
[mʌ́tʃ]

とても；大体

□ □ □ □

I like the book very much.

私はその本がとても好きです。

必ず文の
最後に
つけるよ

アゲイン
again
[əgéin]

もう一度

I want to see the movie again.
私はもう一度その映画を観たいです。

必ず文の
最後に
つけるよ

トゥ
too
[tú:]

～もまた

I want to go to an amusement park, too.
私もまた遊園地へ行きたいです。

時間を
表すときに
使うよ

スーン
soon
[sú:n]

もうすぐ；すぐに

I come back soon.
私はすぐに戻ります。

アップ
up
[ʌ́p]

上へ；上がって

go up　上へ行く
stand up　立ち上がる

ダウン
down
[dáun]

下へ；下がって

go down　下へ行く
sit down　座る

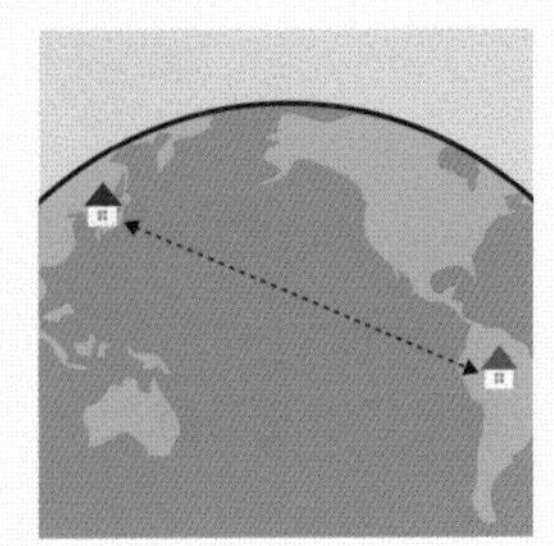

ファー
far
[fá:r]

遠(とお)くに［へ］；遠く離れて

It is very far from Japan to Brazil.
日本からブラジルまではとても遠いです。

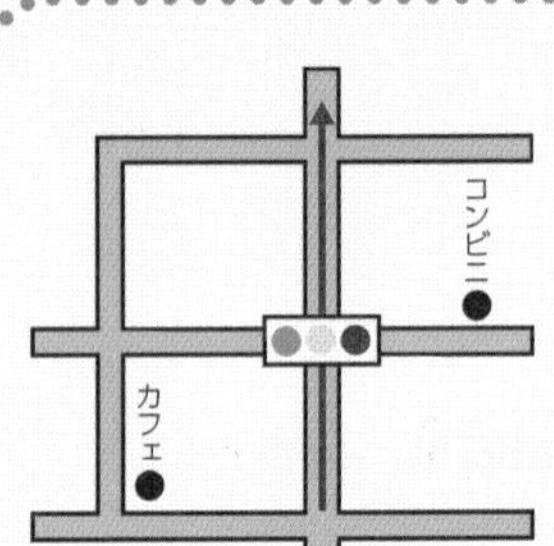

ストゥレイト
straight
[stréit]

まっすぐに

Go straight.
まっすぐ進(すす)んでください。

オールウェイズ
always
[ɔ́:lweiz]

いつも

I always eat breakfast.
私(わたし)はいつも朝食(ちょうしょく)を食(た)べます。

ユージャリィ
usually
[jú:ʒuəli]

たいてい

I usually go to school at eight.
私はたいてい8時(じ)に学校(がっこう)へ行(い)きます。

サムタイムズ
sometimes
[sʌ́mtàimz]

ときどき

I sometimes paint a picture.
私はときどき絵(え)を描(か)きます。

ネバァ

never

[névər]

決(けっ)して～ない

□ □ □ □

I never drink coffee. 私は決してコーヒーを飲(の)みません。

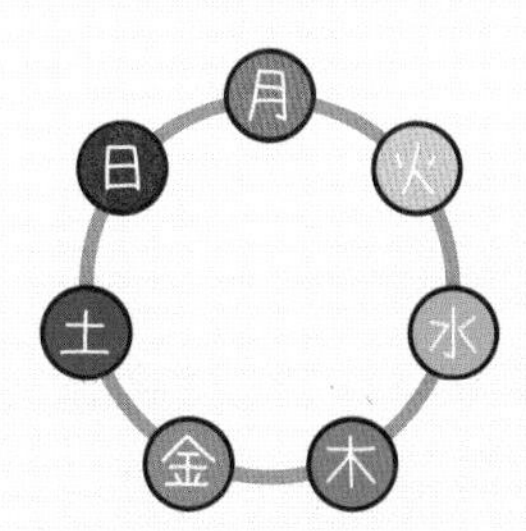

エヴリデイ

every day

[évri déi]

毎日(まいにち)

□ □ □ □

I wash the dishes every day. 私(わたし)は毎日、皿(さら)を洗(あら)います。

ナウ

now

[náu]

今(いま)；現在(げんざい)

□ □ □ □

What time is it now? 今、何時(なんじ)ですか？

ウェル

well

[wél]

上手(じょうず)に

□ □ □ □

I sing well. 私は上手に歌(うた)を歌います。

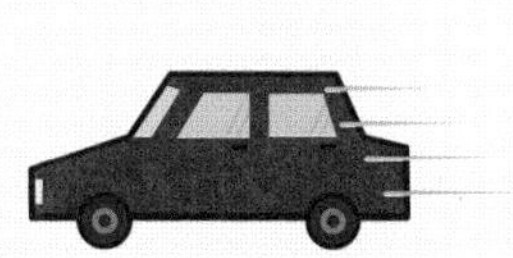

ファスト

fast

fǽst]

速(はや)く

□ □ □ □

I drive fast. 私は速く運転(うんてん)します。

トゥギャザァ

together

[təgéðər]

一緒に；共に

I'm together with my teammates.

私はチームメイトと一緒にいます。

便利な英会話フレーズ 5

かんたんな質問とその受けこたえや、別れのあいさつなどにチャレンジしてみましょう。場面を想像しながら読んだり、音声を聴いて、聴こえた音をまねして言ったりして、何度も練習してみましょう。

● 友達にできることをたずねる

あなたは料理ができますか？	Can you cook?
はい、できます。	Yes, I can.
あなたはピアノをひくことができますか？	Can you play the piano?
いいえ、できません。	No, I can't.

● あやまる

ごめんなさい。	I'm sorry.
気にしないで。	Don't worry.

● 別れのあいさつ

さようなら。	Bye. / Good-bye.
またお会いしましょう。	See you.
また今度お会いしましょう。	See you next time.
気をつけて。	Take care.

第5章

前置詞・その他

前置詞とは、「名詞（・代名詞）の前に置いて、意味をつけ足すことば」です。

前置詞のおもなはたらきは、名詞とセットになって文全体に意味をつけ足したり、動詞や形容詞、副詞などを直接修飾したりすることです。また、ここでは「誰」や「いつ」などを質問するときに使うことば（疑問詞）なども勉強します。

絵と表現の例を読みながら、ことばのイメージをつかんでみましょう。

in the box

文を作るのに欠かせない語だよ

アノエアン
a / an
[ə/ǽn]

1つの；1人の

a box	1つの箱
an apple	1つのリンゴ

文を作るのに欠かせない語だよ

ザ／ズィー
the
[ðə/ðíː]

その；あの

the box	その箱
the apple	そのリンゴ

ヘロウ
hello
[helóu]

こんにちは；やあ

I say "Hello."	私は「こんにちは」と言います。

ハイ
hi
[hái]

こんにちは；やあ

Hi, how are you?	やあ、元気？

バイ
bye
[bái]

さようなら；じゃあね

Bye! Hope to see you again.	じゃあね。また会いましょう。

グッバイ
goodbye
[gùdbái]

さようなら；じゃあね

I have to say goodbye. さようならを言わなければなりません。

オウケイ
OK
[óukéi]

いいよ；オッケー

It's OK. いいよ。

ワウ
wow
[wáu]

わぁ；すごい

Wow! This is great! わぁ！これはすごい！

ビフォーア
before
[bifɔ́ːr]

～の前(まえ)に

before dinner 夕食(ゆうしょく)の前に

before seven 7時(じ)前に

アフタァ
after
[ǽftər]

～の後(あと)に［で］

after seven 7時以降(じいこう)に

after school 放課後(ほうかご)

アラウンド
around
[əráund]

〜のまわりに；
〜のそばに

There are ducks around the box.
箱(はこ)のまわりにアヒルがいます。

バイ
by
[bái]

〜のそばに

There is a duck by the box.
箱のそばにアヒルがいます。

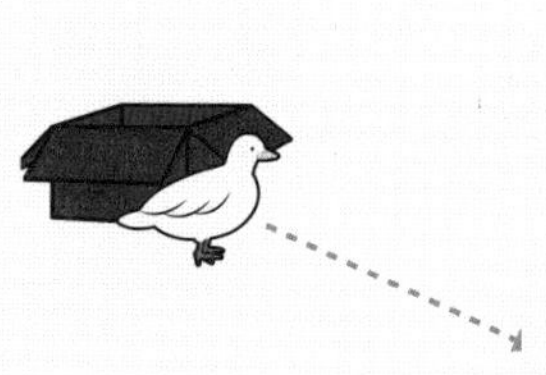

フロム
from
[frʌ́m]

〜から；
〜の出身(しゅっしん)である

A duck walks from the box.
アヒルは箱から歩(ある)きます。

トゥー
to
[túː]

〜に向(む)かって；
〜へ

A duck walks to the box.
アヒルは箱に向かって歩きます。

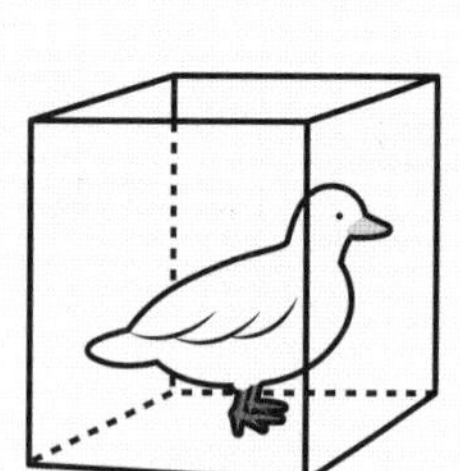

イン
in
[ín]

〜の中(なか)に［で］；
〜（年(ねん)［月(がつ)］）に

There is a duck in the box.
箱の中にアヒルがいます。

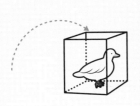

イントゥー
into
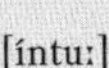
[íntu:]

～の中へ；～の中に

A duck walks into the box.
アヒルは箱の中に入っていきます。

ウィズ
with
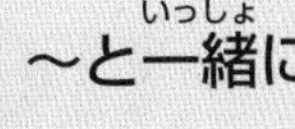
[wíð]

～と一緒に

A baby duck walks with a mother duck.
アヒルの子はお母さんアヒルと一緒に歩いています。

アヴ
of
[ʌ́v]

～の；～から

The duck likes the color of the box.
そのアヒルはその箱の色が好きです。

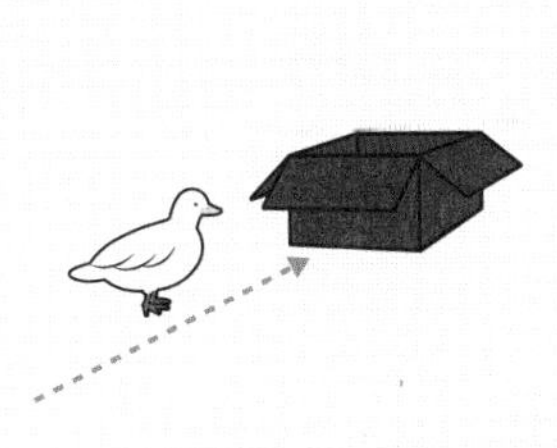

フォー
for
[fɔ́:r]

～のために；～に対して

A duck walks for the box.
アヒルは箱に対して歩きます。

アンダー
under
[ʌ́ndər]

～の下に

There is a duck under the box.
箱の下にアヒルがいます。

オン
on
[ɔ́ːn]

～の上に；～に接して

There is a duck on the box.
箱の上にアヒルがいます。

ニアァ
near
[níər]

～の近くで［に］

There is a duck near the box.
箱の近くにアヒルがいます。

インサイド
inside
[insáid]

～の内側に；内側へ

There is a duck inside the box.
箱の中にアヒルがいます。

アウトサイド
outside
[áutsáid]

～の外側に；外側へ

There is a duck outside the box.
箱の外にアヒルがいます。

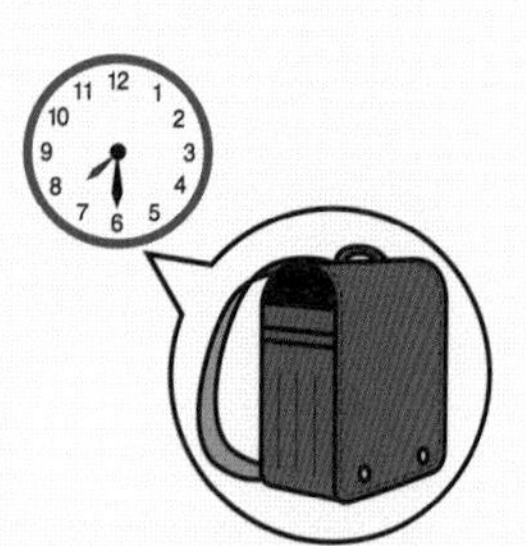

アッ
at
[ǽt]

～に［で］；～時に

I go to school at 7:30.
私は7時30分に学校に行きます。

アバウト
about
[əbáut]
〜について；〜の頃に；およそ［副］

about Japanese history　日本の歴史について
about three o'clock　3時頃に

イット
it
[ít]
それ

What is it?　それは何ですか？

ズィス
this
[ðís]
これ；この

This is a soccer ball.　これはサッカーボールです。

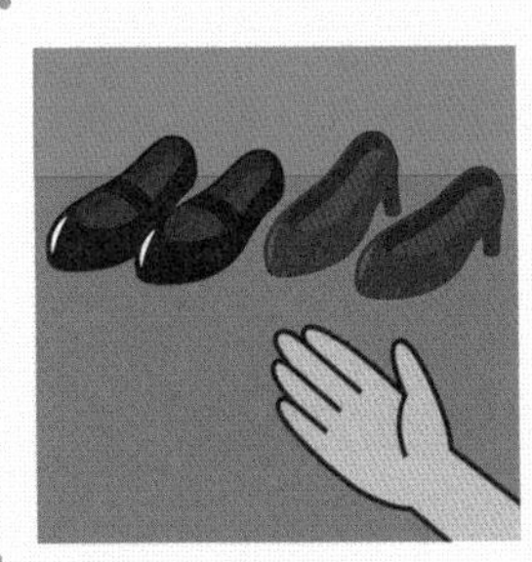

ズァット
that
[ðǽt]
それ；あれ

That is a soccer ball.　あれはサッカーボールです。

ズィーズ
these
[ðíːz]
これら；これらの

These are my shoes.　これらは私のくつです。

ズォウズ
those
[ðóuz]

それらの；あれらの

Those are my shoes. それらは私のくつです。

オー
all
[ɔ́:l]

すべての人[もの・こと]

I want all of them. 私はそれらすべてがほしいです。

単語と単語、文と文をつなぐよ

エンド
and
[ǽnd]

～と…

you and me あなたと私

the sun and the moon 太陽と月

前と後の文の内容が反対だったり、関係が違うときに使うよ

バット
but
[bʌ́t]

しかし；～だけれども

English is difficult, but it's fun. 英語は難しいけど、おもしろいです。

理由をいうときに使うよ

ビコーズ
because
[bikɔ́:z]

なぜならば；～なので

Because I'm hungry. （なぜなら）お腹が空いているから。

日にちや曜日をたずねるときに使うよ

ウェン
when [*h*wén]

いつ

When is your birthday?
あなたの誕生日はいつですか？

場所をたずねるときに使うよ

ウェア
where [*h*wέə*r*]

どこ

Where is the hospital?
病院はどこですか？

物事や時間など何かわからないときに使うよ

ワット
what [*h*wʌ́t]

何

What time is it?
何時ですか？

誰だかわからないときにたずねることばだよ

フー
who [hú:]

誰；誰が［を］

Who is the boy?
その男の子は誰ですか？

誰のものかわからないときにたずねることばだよ

フーズ
whose [hú:z]

誰の；誰のもの

Whose pencil is this?
これは誰の鉛筆ですか？

どっちかわからないときにたずねることばだよ

ウイッチ
which
[*h*wítʃ]

どちら；どちらの

Which color do you like?
あなたはどっちの色が好きですか？

数や長さ、期間などをいうときに使うよ

ハウ
how
[háu]

どのくらいの

How much is this?
これはいくらですか？

原因をたずねるときに使うよ

ゥワイ
why
[*h*wái]

なぜ；どうして

Why are you here?
なんでここにいるの？

チャレンジしよう！

ここでは、英語で数をかぞえたり、動作を表す表現や一年の行事を表すことば、おもな国の名前などを、絵を見ながら読んだりしてみましょう。音声を聴いて、聴こえた音をまねして言う練習もしてみましょう。

英語(えいご)で数(かず)をかぞえてみよう

1 **one** [wʌ́n] ワン	**2** **two** [túː] トゥー	**3** **three** [θríː] スリー
7 **seven** [sévən] セヴン	**8** **eight** [éit] エイト	**9** **nine** [náin] ナイン
13 **thirteen** [θə̀ːrtíːn] サーティーン	**14** **fourteen** [fɔ̀ːrtíːn] フォーティーン	**15** **fifteen** [fìftíːn] フィフティーン
19 **nineteen** [nàintíːn] ナインティーン	**20** **twenty** [twénti] トウェンティ	**21** **twenty-one** [twénti wʌ́n] トウェンティ　ワン
60 **sixty** [síksti] シックスティ	**70** **seventy** [sévənti] セヴンティ	**80** **eighty** [éiti] エイティ

音声をよく聴いて、聞こえたとおりに口に出して言ってみよう。
13から19と、30から90の音とアクセントのちがいに、とくに注意しよう。

4 **four** [fɔ́ːr] フォー	**5** **five** [fáiv] ファイヴ	**6** **six** [síks] シックス
10 **ten** [tén] テン	**11** **eleven** [ilévən] イレヴン	**12** **twelve** [twélv] トゥェルヴ
16 **sixteen** [sìkstíːn] シックスティーン	**17** **seventeen** [sèvəntíːn] セヴンティーン	**18** **eighteen** [eìtíːn] エイティーン
30 **thirty** [θə́ːrti] サーティ	**40** **forty** [fɔ́ːrti] フォーティ	**50** **fifty** [fífti] フィフティ
90 **ninety** [náinti] ナインティ	**100** **one hundred** [wʌ́n hʌ́ndrəd] ワン　ハンドレッド	**1000** **one thousand** [wʌ́n θáuzənd] ワン　サウザンド

毎日すること
routine activities

get the newspaper
新聞を取る

set the table
食卓を整える

wash my face
顔を洗う

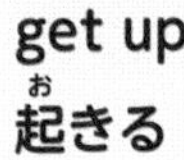

get up
起きる

put away (my futon)
(ふとんを) 片付ける

vending machine
自動販売機

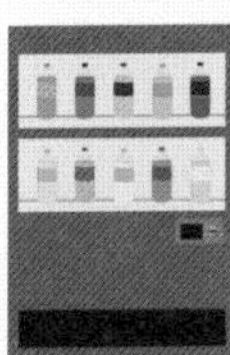

go to bed
ベッドに入る、寝る

walk the[my] dog
イヌの散歩をする

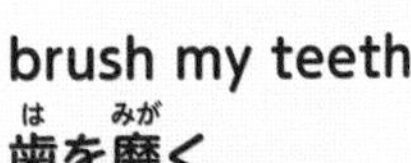

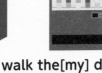

take a bath
風呂に入る

brush my teeth
歯を磨く

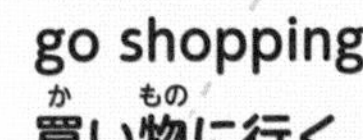

go shopping
買い物に行く

wash the dishes
皿を洗う

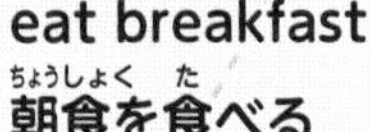

eat breakfast
朝食を食べる

take out the garbage
ゴミを捨てる

check my school bag
ランドセルを確認する

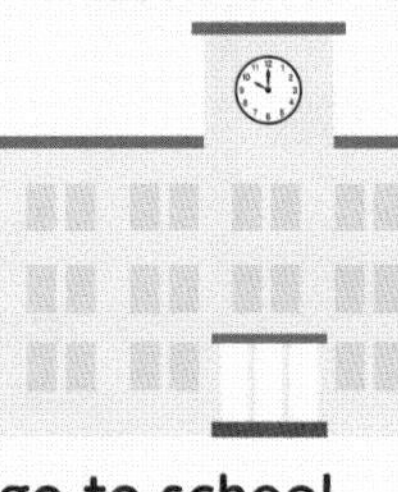

go to school
学校に行く

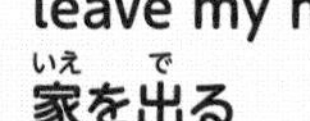

leave my house
家を出る

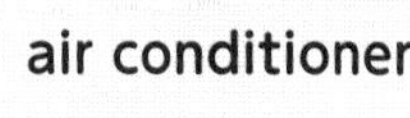

air conditioner
エアコン

go home
家に帰る

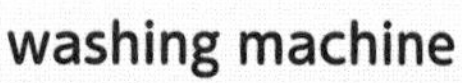

washing machine
洗濯機

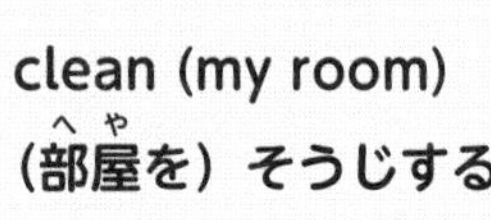

clean (my room)
（部屋を）そうじする

vacuum cleaner
掃除機

do my homework
宿題をする

いろいろ英語スケッチ

学校マップ

school map

Japanese
国語

social studies
社会

music room
音楽室

cleaning time
そうじの時間

teachers' room
職員室

cooking room
調理室

school principal's office
校長室

school lunch
給食

recess
休み時間

moral education
どうとく
道徳

calligraphy
しょしゃ
書写

P.E.
たいいく
体育

arts and crafts
ず が こうさく
図画工作

home economics
か てい か
家庭科

science room
り か じっけんしつ
理科実験室

arts and crafts room
ず こうしつ
図工室

homeroom
がっかつ
学活、ホームルーム

computer room
しつ
コンピューター室

school nurse's office
ほ けんしつ
保健室

playground
こうてい
校庭

club activities
ぶ かつどう
部活動

after school
ほう か ご
放課後

いろいろ英語スケッチ

一年の行事

yearly events

entrance ceremony
入学式

field trip
遠足、社会科見学

volunteer day
ボランティア活動の日

swimming meet
水泳大会

New Year's Eve
大みそか

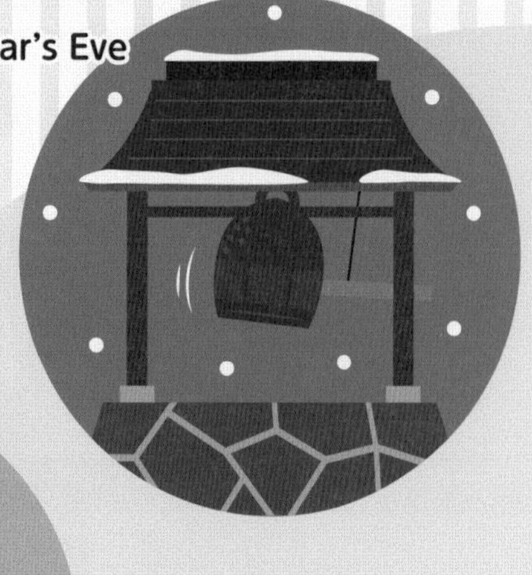

New Year's Day
元日

snow festival
雪まつり

Doll[Dolls'] Festival,
Girls' Festival
ひな祭り

Children's Day,
Boys' Festival
こどもの日

Star Festival
たなばた
七夕

summer vacation
なつやす
夏休み

fireworks festival
はなびたいかい
花火大会

Halloween
ハロウィーン

Christmas
クリスマス

sports festival, sports day
うんどうかい
運動会

music festival
おんがくかい
音楽会

drama festival
がくげいかい
学芸会

school trip
しゅうがくりょこう
修学旅行

graduation ceremony[day]
そつぎょうしき
卒業式

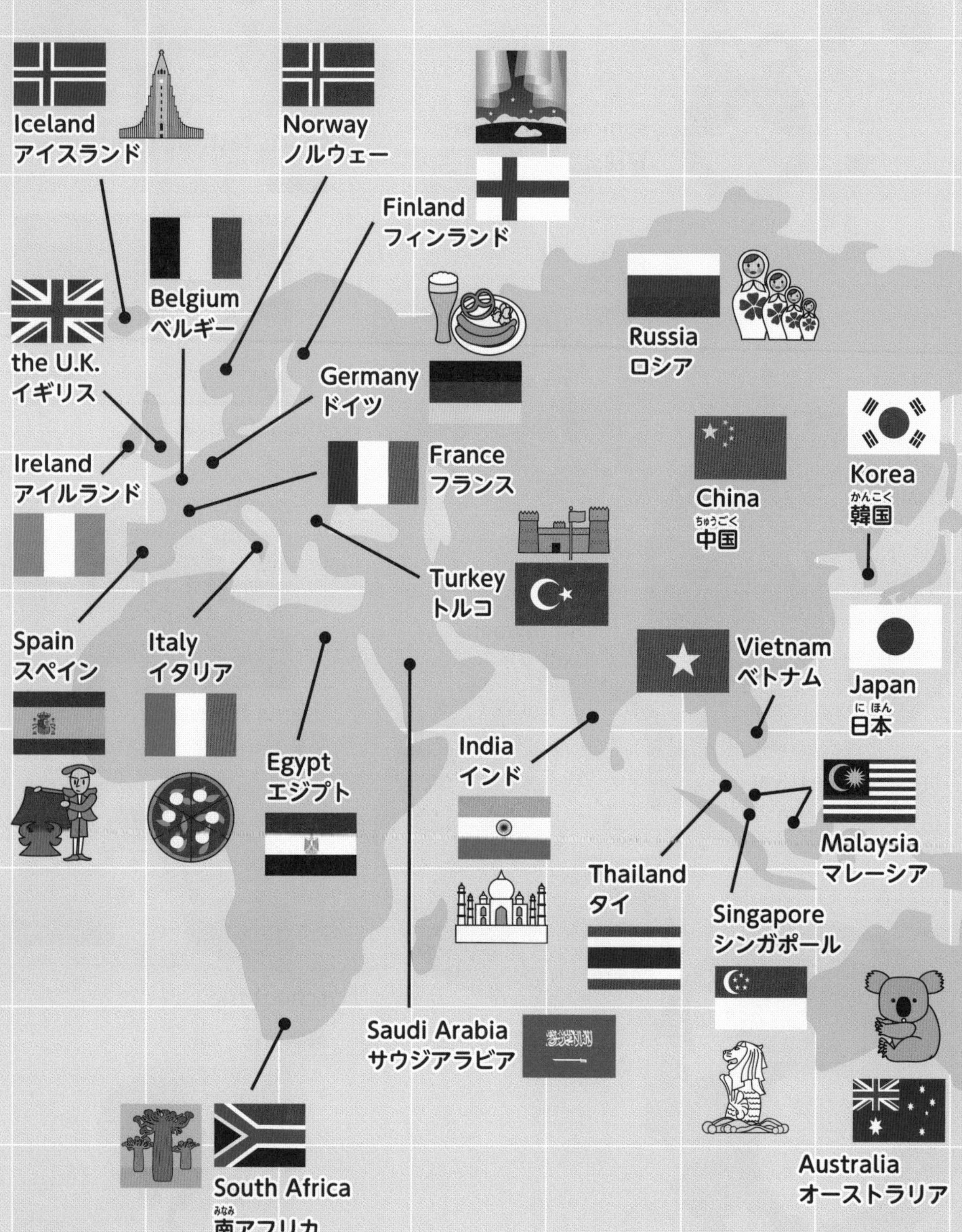
Iceland
アイスランド
Norway
ノルウェー
Finland
フィンランド
Belgium
ベルギー
the U.K.
イギリス
Germany
ドイツ
Russia
ロシア
Ireland
アイルランド
France
フランス
China
ちゅうごく
中国
Korea
かんこく
韓国
Turkey
トルコ
Spain
スペイン
Italy
イタリア
Vietnam
ベトナム
Japan
にほん
日本
India
インド
Egypt
エジプト
Malaysia
マレーシア
Thailand
タイ
Singapore
シンガポール
Saudi Arabia
サウジアラビア
South Africa
みなみ
南アフリカ
Australia
オーストラリア

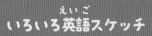

いろいろ英語スケッチ

国の名前

country names

Canada
カナダ

the U.S.
アメリカ合衆国

Mexico
メキシコ

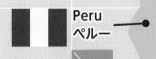

Peru
ペルー

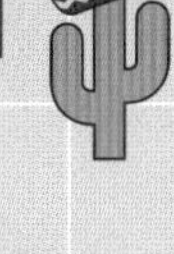

Brazil
ブラジル

New Zealand
ニュージーランド

いろいろ英語スケッチ
遊び
play
110
play tag
鬼ごっこをする
play dodgeball
ドッジボールをする
ride a unicycle
一輪車に乗る
yo-yo
ヨーヨー
do kendama
けん玉をする
jump rope
なわとびをする
bingo
ビンゴ
BINGO
YES
or
NO?
!
quiz
クイズ
?
play cards
トランプをする
クイズ
A

● 単語さくいん

D

E

F

G

H

I

A

U

V

W

Y

Z

著者紹介

安河内 哲也 (Tetsuya Yasukochi)

1967年福岡県生まれ。上智大学外国語学部英語学科卒。東進ハイスクール・東進ビジネスクールのネットワーク、各種教育関連機関での講演活動を通じて実用英語教育の普及活動に務める。また、文部科学省の審議会において委員を務めた。言語活動型英語授業を促進するために、各所へのスピーキングテスト、4技能試験の導入にむけて活動中。話せる英語、使える英語を教えることを重視。子供から大人まで、誰にでもわかるよう難しい用語を使わずに、英語を楽しく教えることで定評がある。予備校や中学・高校での講演のほか、大学での特別講義や、大手メーカーや金融機関でのグローバル化研修、教育委員会主催の教員研修事業の講師も務めている。

カバーデザイン	有限会社ウエナカデザイン事務所
本文デザイン・DTP	アレピエ
カバーイラスト	佐土原 千恵子
本文イラスト	田中 斉／佐土原 千恵子
編集協力	山口 晴代
校正協力	木村 沙夜香
英文校正	Alex Ransom
音声制作	一般財団法人 英語教育協議会(ELEC)
ナレーター	Karen Haedrich ／ Carolyn Miller ／水月 優希
動画制作	高速録音株式会社

イラストと図と音声で
どんどんおぼえる 小学生のための英単語

令和5年(2023年)7月10日　初版第1刷発行
令和6年(2024年)5月10日　　第2刷発行

著　者　安河内 哲也
発行人　福田 富与
発行所　有限会社Jリサーチ出版
〒166-0002　東京都杉並区高円寺北2-29-14-705
電　話 03(6808)8801(代)　FAX 03(5364)5310
編集部 03(6808)8806
https://www.jresearch.co.jp
Twitter 公式アカウント @Jresearch_　https://twitter.com/Jresearch_
印刷所　株式会社シナノ パブリッシング プレス

ISBN 978-4-86392-595-3　

111

発音記号まとめ表

母音

発音記号	近い音	発音方法	単語の例
æ	エア	「エ」と「ア」の中間の音。「ア」の口をして「エ」と強く発音します。	cat（ネコ）
ʌ	アッ	のどの奥から出す「ア」の音。驚いたときに出る「アッ」に近い音になります。	money（金）
ɑ	ア	アメリカ英語では、口を大きく開け日本語の「ア」のように発音します。	hot（暑い）
ə	ア（あいまいな音）	「エ」という口の形で、弱く短く「ア」とぼかして発音しましょう。	Japan（日本）
ɑːr	アー	日本語の「アー」とほぼ同じ発音です。口を大きく開けて発音しましょう。	car（自動車）
əːr	アー	舌の力を抜き、舌の先で音をにごらせるように発音します。	girl（女の子）
ai	アイ	日本語の「アイ」と同じです。二つの母音が重なった母音を二重母音といいます。	ice（氷）
au	アウ	日本語の「アウ」と同じように発音します。	out（外に）
i	イ	日本語の「イ」とほぼ同じ音です。「イ」と「エ」の中間の音になることもあります。	play（する）
iː	イー	日本語の「イー」とほぼ同じ音です。[ː] は音をのばす記号です。	eat（食べる）
iər	イアァ	日本語の「イアァ」とほぼ同じ音です。	year（年）
u	ウ	日本語の「ウ」とほぼ同じ音です。	book（本）
uː	ウー	日本語の「ウー」と同じように発音しますが、唇をまるめて前に突き出すように発音します。	food（食べ物）
uər	ウアァ	日本語の「ウアァ」とほぼ同じ音です。	sure（確かな）
juː	ユー	日本語の「ユー」と同じように発音しますが、より唇を丸めて発音します。	few（わずかの）
juər	ユアァ	日本語の「ユアァ」とほぼ同じ音です。[ju] は「ジュ」ではなく「ユ」なので注意しましょう。	pure（新鮮な）
e	エ	日本語の「エ」と同じように発音しますが、少し口を大きく開けて発音します。	desk（机）
ei	エイ	日本語の「エイ」とほぼ同じ音です。	table（テーブル）
ɛər	エアァ	日本語の「エアァ」とほぼ同じ音です。	wear（着る）
ɔ	オ	主にイギリスで使われる音です。アメリカでは [ɑ] の音が使われます。	hot（暑い）
ɔː	オー	日本語の「オー」と同じように発音しますが、アメリカではより口を大きく開けて発音します。	all（全部）
ɔːr	オーァ	日本語の「オーァ」と同じように発音しますが、最後は舌の中央を上に浮かせるように発音します。	door（ドア）
oi	オイ	日本語の「オイ」と同じように発音しますが、少し口を大きめに開けるのがポイントです。	oil（油）
ou	オウ	日本語の「オウ」とほぼ同じ音です。	open（開ける）